헤드라인 철학

헤드라인 철학

발행일   2025년 11월 10일

지은이   이권효
펴낸이   손형국
펴낸곳   (주)북랩

출판등록 2004. 12. 1(제2012-000051호)
주소   서울특별시 금천구 가산디지털 1로 168, 우림라이온스밸리 B동 B111호, B113~115호
홈페이지 www.book.co.kr
전화번호 (02)2026-5777   팩스   (02)3159-9637

ISBN   979-11-7224-943-4 03100 (종이책)   979-11-7224-944-1 05100 (전자책)

작가 연락처 문의 ▶ ask.book.co.kr

전용 게시판에 문의를 남기시면 저자에게 직접 전달됩니다.

(주)북랩 성공출판의 파트너

북랩 홈페이지와 SNS에서 다양한 출판 솔루션을 만나 보세요!

홈페이지 book.co.kr   • **블로그** blog.naver.com/essaybook   • **출판문의** text@book.co.kr
카톡채널 북랩

이 책은 2025년도 대구가톨릭대학교 학술연구 지원 과제로 저술 출판되었음.

혼탁한 말의 세상에서 스스로를 지키는 철학적인 방법

헤드라인 철학

이권효 지음

지금 당신의 삶을 한 줄로 요약한다면
그 문장은 어떤 헤드라인인가?

헤드라인의 최고 단계가 삶을 요약하는 유언이라면
당신은 어떤 마지막 문장을 남기고 싶은가?

철학박사 이권효가 혼돈의 시대를 살아가는
현대인에게 던지는 가장 근원적인 질문

 북랩

머리말

'헤드라인(Headline)'은 100년 넘게 매스미디어(대중매체) 뉴스를 이끄는 표현으로 사용되어 왔다. 신문 등 전통적 매스미디어는 헤드라인을 제공하고 독자들은 읽는 일방적인 흐름이 굳어지면서 헤드라인을 매스미디어가 독점하는 현상이 이어졌다.

인터넷이 매스미디어의 중심을 형성하면서 일방적인 헤드라인은 더 이상 미디어의 전유물이 될 수 없는 환경이 만들어졌다. 매스미디어가 헤드라인을 독점해 온 바탕에는 언론 개념을 매스미디어 기업들이 배타적으로 소유해 온 뿌리 깊은 관행이 놓여 있다. 지금 사람들은 이전처럼 헤드라인을 수동적으로 소비하는 수용자가 아니다. 언론 개념도 보통사람의 언어 활동이라는 본래 의미를 회복해야 한다.

이 책은 오랫동안 기존의 매스미디어와 언론에 좁게 갇혀 있던 헤드라인을 돌아보고 삶의 넓은 바탕과 연결되는 가능성을 살펴본다. 이를 위해 기존의 대중이나 군중을 넘어 인터넷을 자유롭게 활용하는 사람들을 '인터네터(interneter)'로 규정하고 기존의 언론과 헤드라인 개념을 확장하는 주체로 삼는다. 인터넷이 지구촌 미디어의 중심이 된 지금은 언론과 뉴스, 그리고 헤드라인에 대해 성찰할 수 있는 기회가 되고 있다.

매스미디어 뉴스 헤드라인을 벗어난 헤드라인이 추구하는 가장 높은 차원은 삶의 요약에 있다. 자신의 삶을 주체적으로 요약하는 유언에서 헤드라인의 새로운 차원을 찾는 관점을 제시한다. 헤드라인은 뉴스와 광고의 표현 기교를 넘어 철학과 윤리의 차원에 닿는다.

2025년 11월

이권효

차례

1장 / 인터네터(Interneter)는
지민(知民)이고 지중(知衆)이다

2장 / 헤드라인은 곧고 올바름을
드러내는 제목(題目)이다

3장 / 서양의 레토릭(rhetoric)과 동양의 수사(修辭)는 다르다

4장 / 공자 "일언이폐지, 사무사(思無邪)"는 헤드라인의 본보기다

5장 / 뉴스 헤드라인에는 서둘러 강요하려는 욕망이 꿈틀거린다

6장 / 유언(遺言)은 삶을 주체적으로 요약하는 헤드라인이다

서론

매스미디어 뉴스 헤드라인을 넘어

헤드라인(Headline)은 100년 넘게 매스미디어(대중매체), 특히 인쇄 미디어인 신문의 전유물(專有物) 같은 독점적 위치를 차지해 왔다.

헤드라인에 대해 『표준국어대사전』은 '신문, 잡지 따위에서 기사에 다는 제목'이라고 풀이한다. 헤드라인은 인쇄 미디어와 직접 관련되고, 책 같은 문학작품의 제목이 아니라, 기사(뉴스)의 제목을 가리킨다는 의미다. 헤드라인에 대한 상식적이고 통념적인 이해라고 할 수 있다. 헤드라인과 제목(題目)은 같은 뜻으로 쓰는 편인데, 그 차이와 구별은 본문에서 다룬다.

'100년 넘게'라는 표현은 지금 접하는 종이 신문(뉴스페이퍼)의 역사적 출발을 대략적으로 가리킨다. 우리나라 「독립신문」은 1896년 4월 7일 창간해 1925년까지 발행됐고, 창간일은 '한국 신문의 날'로 정하여 매년 기념행사가 열린다.

일본 「요미우리신문」은 1874년 창간해 지금도 발행되고 있으므로, 그 역사가 151년에 이른다. 미국 「뉴욕타임스」는 1851년 창간했으므로 174년을 이어 오고 있다.

매스미디어에 갇힌 헤드라인

신문 미디어를 기준으로 했을 때 헤드라인의 역사는 150년 안팎이다. 헤드라인이 신문기사의 제목이라는 사회적 고정관념으로 굳어지기에 충분한 시간이다.

헤드라인에 대한 사전의 뜻은 대체로 다음과 같다.

독자들에게 주의를 환기시키고 본문으로 유도하기 위한 호소력이 담긴 간결하고 함축미가 있는 말이다. 대부분의 독자는 헤드라인만 읽고 관심 없는 기사는 그냥 지나치는 경우가 많다는 사실이 드러나 그 중요성이 더욱 강조되고 있다.(두피디아)

어떤 기사에 독자의 눈길을 끌기 위해 기사의 내용을 압축해서 내세우는 일종의 제목으로 '표제(標題)'라고도 한다. 책이나 일반적인 논문의 제목과는 달리 추상성을 배제하고 구체성을 표출해야 한다. 시간에 쫓기는 독자들에게 표제만 보아도 무슨 기사인지를 알게 해야 하므로 내용은 짤막하되 생생한 감각을 지녀야 한다.(매경닷컴)

헤드라인은 신문을 비롯한 각종 기사에서 내용의 요점을 아주 짧게 정리하여 본문보다 큰 글씨로 첫 번째로 놓이는 말이다. 19세기 말에 신문사들의 경쟁이 늘어나면서 모습을 드러내기 시작했다. 헤드라인의 목적은 기사를 빠르게 집중시키기 위함이다.(위키백과)

헤드라인의 뜻과 역할, 기능에 대한 설명은 이 같은 내용에서 거의 벗어나지 않는다. AI(인공지능)의 설명도 비슷하다. 이는 AI의 학습 내용이 기존의 설명을 종합하는 수준이기 때문일 것이다.

생성형 AI에게 헤드라인의 뜻과 기능을 질문하면 다음과 같이 대답한다. 헤드라인의 일반적 의미를 잘 요약한다.

헤드라인(Headline)은 기사의 내용을 간결하게 요약하여 독자의 관심을 끌고 핵심 메시지를 전달하기 위해 크고 두드러진 글씨체로 작성된 제목 부분을 말합니다. 헤드라인은 독자들이 수많은 기사 중에서 어떤 것을 읽을지 결정하는 데 중요한 역할을 하며, 효과적인 헤드라인은 기사의 내용을 명확하게 전달하면서 독자의 호기심을 자극해야 합니다.

헤드라인은 신문뿐만 아니라 방송 뉴스, 온라인 뉴스 사이트 등 다양한 미디어에서도 중요한 역할을 하며, 특히 정보의 홍수 속에서 독자의 주목을 끌기 위해 더욱 중요해지고 있습니다. 헤드라인의 주요 목적은 다음과 같습니다.

① **간결함과 명확성** : 헤드라인은 짧고 명확하게 핵심 정보를 전달해야 합니다. 독자가 짧은 시간 내에 기사의 핵심을 이해하도록 돕습니다.

② **주목성** : 크고 두드러진 글씨체와 눈에 띄는 표현을 사용하여 독자의 시선을 끌어야 합니다. 이는 독자가 수많은 기사 중에서 해당 기사를 선택하도록 유도합니다.

③ **흥미 유발** : 흥미로운 단어나 문구를 사용하여 독자의 호기심을 자극하고, 기사를 읽고 싶은 욕구를 불러일으킵니다.

④ **정확성** : 헤드라인은 기사의 내용을 왜곡하지 않고 정확하게 반영해야 합니다. 과장되거나 잘못된 정보를 제공하지 않도록 주의해야 합니다.

⑤ **타깃 독자 고려** : 헤드라인은 타깃 독자의 관심사와 필요에 맞춰 작성되어야 합니다. 독자가 누구인지, 그들이 무엇을 원하는가를 이해하고 이에 따라 헤드라인을 작성합니다.

어느 신문사에서 헤드라인을 20년 넘게 작성하고 있는 편집 기자는 독자의 시선(눈길)을 사로잡는 제목으로 승부해야 한다면서 '세상을 움직이는 강력한 한 줄, 헤드라인'을 만들기 위한 십계명을 다음과 같이 제시한다(김용길, 『편집의 힘』, p.215).

- 15자 안팎으로 뽑아라.
- 핵심 키워드로 정곡을 찔러라.
- 살아 있는 움직임을 포착하라.
- 상황을 압축하고 비유하라.
- 쉬운 표현으로 공감하게 하라.
- 상세 정보는 부제목으로 돌려라.
- 과장하지 말고 팩트를 담아라.
- 형용사는 피하고 동사를 취하라.
- 의미가 명확해야 한다.
- 이미지가 떠올라야 한다.

헤드라인의 수단적 성격

이와 같은 설명들을 종합하면 헤드라인을 만드는 주체는 신문사 같은 미디어 업체이며, 그 목적은 특정 기사(뉴스)에 주목하여 선택하고 공유하도록 유인(誘引) 또는 유혹(誘惑)하는 데 있다. 헤드라인의 생산과 소비의 흐름은 기본적으로 독자를 향해 '일방적(一方的)'이다. 독자를 꾀기 위한 수단적 표현이다.

신문을 기준으로 할 경우, 헤드라인을 작성하는 업무의 담당자는 '편집 기자'이다. 취재 기자들이 작성해 보내는 기사에 헤드라인을 붙여야 '뉴스'라는 제품이 되어 독자에게 배달될 수 있다.

광고는 카피라이터가 편집 기자처럼 헤드라인 작성을 맡는다. 뉴스 헤드라인과 광고 헤드라인의 원칙과 기능, 역할은 기본적으로 차이가 없다. 광고는 상품을 판매하는 목적으로 신문이나 방송에 싣는데, 그런 광고를 포함하는 신문이나 방송은 그 자체로 하나의 상품이다.

'현대 광고의 아버지'로 불리는 클로드 홉킨스(1866~1932)는 광고 헤드라인에 대해 다음과 같이 말한다.

> "광고 헤드라인은 신문 뉴스 헤드라인과 비슷하다. 헤드라인 작성은 신문 업무에서 가장 중요한 예술이다. 헤드라인이 독자의 관심을 끌 수도, 그렇지 않을 수도 있기 때문이다. 광고 헤드라인의 목적은 당신이 흥미를 줄 수 있는 사람들을 가려내는 데 있다."(『과학적 광고』 Scientific Adervertising, 제5장 헤드라인, p. 47)

현대 광고계의 거장으로 평가되는 데이비드 오길비(1911~1999)는 이렇게 말한다.

"헤드라인은 광고에서 가장 중요한 요소이다. 헤드라인은 독자에게 본문을 읽을 것인지 아닌지 결정하는 신호이다. 헤드라인이 매출에 도움이 되지 않는다면 예산의 80%를 낭비하는 것이다. 헤드라인은 반드시 뉴스를 담아야 성공한다."(『나는 광고로 세상을 움직였다』 *Confessions of an advertising man*, p. 224)

상품 판매를 위한 광고는 '기사(記事)'라고 부르는 뉴스와는 영역이 다른, 그것도 뉴스가 우월한 것처럼 여기는 경우가 많다. 그러나 이해(利害) 관계자인 독자나 소비자의 선택을 받아 뉴스 또는 광고를 판매하려는 본질과 목적에는 아무 차이가 없다. 독자들이 헤드라인을 거쳐 어떤 뉴스를 읽는 경우 그 자체가 목적은 아니다. 신문이 독자들의 시사 교양 교육을 위해 헤드라인에 신경을 쓰는 게 아니기 때문이다. 저명한 미디어 연구자인 마셜 매클루언은 "광고는 뉴스다. 다만 광고는 언제나 좋은 뉴스다."(Ads are news. they are always good news.)라고 말한다(*Understanding Media*, p.210). 뉴스와 광고는 본질적으로 구분할 수 없다는 의미다.

2025년 어느 신문사는 편집 기자를 채용하기 위한 알림에서 이렇게 썼다.

"한 줄의 헤드라인이 일구어 낼 수 있는 거대한 힘. 그 힘 으로 세상의 변화를 이끌어 낼 편집 기자를 찾습니다."

헤드라인 작성은 편집 기자의 고유한 직무 영역이고 이런 편집 기자들이 일하는 직장으로서 신문사는 헤드라인을 생산하고 공급하는 주체로서 정통성을 가지는 것처럼 느껴진다.

신문 편집 기자들의 직능단체인 한국편집기자협회는 50여 개 회원 신문사들이 만든 헤드라인 중에서 우수한 사례를 선정해 매달 '이달의 편집상'을 시상한다. 다음과 같은 헤드라인이 편집상을 받은 경우이다. 중의적(重義的) 표현의 기교가 두드러진다. 한자(漢字)를 활용하는 경우도 많은 편이다.

- 빚으로 버틴 소상공인, 빛이 안 보인다 (소상공인의 어려움)
- 접전이 시작됐다 (접는 스마트폰 경쟁)
- 수비가 뒤집어져 비수로 돌아왔다 (축구 경기 수비 부실)
- 내가 번 돈, 뇌가 쓴다 (뇌과학적 마케팅)
- 꼬일 일 없으니 耳 편한 세상 (무선이어폰 전성시대)
- '牛와' "소고기 먹자" '魚라' "생선 안 먹네" (소비 패턴)
- 세 살 가난, 평생 간다 (아동 빈곤)
- 우리가 바란 바다, 우리가 버린 바다 (바다 오염)

이 같은 헤드라인에 대한 심사평은 이렇다.

"어려운 기사를 쉽게 풀어내는 것이 편집이다. 편집 기자가 제목을 달았을 뿐인데 독자의 머릿속에는 그림이 그려진다. 기사의 핵심을 짚고 그것을 이미지로 형상화하는 것 이상의 편집은 없다."

한국편집기자협회는 인쇄미디어로서 종이 신문이 매스미디어의 중심이던 1964년 창립됐다. 신문의 경쟁력을 높이기 위한 목적이다. 2025년을 기준으로 보면 종이 신문의 퇴조가 뚜렷할 정도로 미디어 환경이 인터넷 중심으로 전환되어 종이 신문의 헤드라인이 신문의 경쟁력을 지탱하기 어려운 현실이 되고 있다.

헤드라이너 대학생

대학생들과 공부하면서 헤드라인의 의미와 역할, 가치에 대해 근본적으로 성찰하는 기회를 가졌다. 헤드라인 표현 실력은 예비 직업인으로서 대학생이 갖춰야 할 직무 역량인데도 교육 과정을 통해서는 연습할 형편이 되지 못했다. 그래서 '고전

(古典) 읽기'라는 교양 수업 중에 헤드라인 공부를 부분적으로 도입해 활용했다.

헤드라인에 대해 대학생들은 대체로 뚜렷한 인식이 없거나 소설 같은 문학작품의 제목쯤으로 알고 있었다. 인식이 없는 이유는 헤드라인을 작성하는 경험이 거의 없었기 때문일 것이고, 문학작품의 제목으로 이해하는 것은 헤드라인의 번역어로서 제목을 생각하기 때문일 것이다.

헤밍웨이의 소설 『노인과 바다』(The Old Man and the Sea)는 헤드라인이 아니다. 전체 내용에 대해 구체적으로 보여주는 요점(要點)이 없기 때문이다. 노인과 바다가 도대체 어떻다는 것인지에 대해 알 수 있는 정보가 전혀 없다.

이와 비교해서, '노인과 바다는 꺾이지 않는 마음이다'라고 하면 헤드라인에 가깝다. 전체 내용을 부족하더라도 포괄적(包括的)으로 요약 또는 압축하기 때문이다. '노인은 바다 청새치와 끈질기게 싸운다'고 하면 어떨까? 헤드라인에서 멀다. 전체 내용을 포괄하지 못하고 부분적이고 지엽적이기 때문이다.

대학생들은 이 정도 설명으로도 헤드라인과 소설 제목의 차이를 빠르게 이해하고 활용했다.

기말시험은 한 학기(15주) 대학생활을 하면서 자기 자신을 성장시킨 경험과 결과를 1,500~2,000자 분량으로 쓰도록 하는데, 헤드라인을 붙이도록 한다. 몇 개 소개하면 다음과 같다.

- 새로움을 통한 숙성 시간이 나를 성숙시키다

- 내 몸속 새로움의 발효, 효과를 발휘하다

- 생각의 차이, 인생의 차이를 만든다

- 새로움에 눈뜨지 못하면 그저 고인물

- 삶의 순간에 성실이 없으면 상실뿐이다

- 도전은 답이 아니라 답답함을 푸는 열쇠

- 태도가 바르지 못하면 도태된다

- 자신을 조망해야 미래를 전망할 수 있다

- 변화를 두려워하지 말고 뻔함을 두려워하라

- 결심이 길을 열고 결실이 나를 이끈다

전문적으로 헤드라인을 작성하는 헤드라이너(headliner)와 차이가 없는 상당한 수준이다. 더 중요한 점은 이 같은 헤드라인은 신문사의 편집 기자 또는 AI는 표현할 수 없다는 사실이다. 한 학기 동안 대학생활을 하면서 성장하는 태도와 노력, 성과를 요약하고 압축하는 경험을 바탕으로 해야 하므로 본인 외에는 누구도 대신할 수 없기 때문이다.

편집 기자처럼 헤드라이너가 되는 전문적인 연습과 경험이 없는데도 대학생들이 한 학기라는 짧은 시간에 헤드라인 표현 감각을 보이는 모습은 어떻게 해서 가능한 것일까? 이 점은 이 책 전체에 흐르는 주요 관심이므로 살펴볼 필요가 있다.

대학생들은 이미 그들의 일상에서 헤드라인 스타일의 표현을 자연스럽고 익숙하게 활용하고 있기에 가능했을 것이다. 인터넷을 통한 소셜미디어(SNS) 활동은 기본적으로 헤드라인 스타일이다. 페이스북, 인스타그램, 카톡, 댓글 같은 형식은 글이든 영상이든 숏폼(short form) 형식으로 간결하게 핵심을 담아야 빠른 효과를 볼 수 있다.

헤드라인 표현은 기본적으로 숏폼이다. 일상에서 흔히 쓰는 '한 마디로 말해서' '한 줄로 나타내면' 이라는 표현 원칙은 헤드라인 스타일이 특별한 표현 기교가 아니라 표현의 효율을 추구하는 사람의 본능적 욕구라고 할 수 있다.

"임금님 귀는 당나귀 귀"는 헤드라인

"우리 임금님 귀는 당나귀처럼 길다."(吾君耳如驢耳.)라는 외침(『삼국유사』 권2, 기이(紀異) 제2편)은 헤드라인이다. 궁궐에서 두건을 만드는 기술자는 9세기 경문왕(신라 48대 임금)의 귀가 길어지는 모습을 목격한 유일한 사람이다. 그는 이 특이한 모습을 다른 사람에게 말하지 않았다. 죽기 직전에서야 유언(遺言)처럼 이 헤드라인을 궁궐에서 떨어진 사찰의 대나무 숲(竹林) 속에서 혼자 외쳤다. 이후 바람이 불면 대나무 숲에서 이 헤드라인이 울려 퍼지면서 사람들에게 임금님의 긴 귀가 알려졌다.

경문왕은 그런 이야기를 싫어하여 대나무를 베어 버리고 대신 산수유를 심었다. 그러자 이번에는 바람이 불면 "우리 임금님 귀는 길다."(吾君耳長.)는 소리가 났다. 이 소리는 헤드라인이 될 수 없다. 귀가 길다고 하는 것은 길고 짧음의 기준에 관한 아무런 알맹이가 없기 때문이다. 그래서 떠오르는 구체적인 이미지도 없다.

'우리 임금님 귀는 당나귀 귀'는 사려 깊은 헤드라인이다. 두건 기술자는 경문왕의 긴 귀를 알게 되자마자 사람들에게 퍼뜨리지는 않았다. 오랫동안 마음속에 품고 살다가 죽을 무렵에야 공개했다. 그것도 사람들이 많이 오가는 저잣거리에서가 아니라 아무도 없는 대나무 숲에서 대나무를 향해(向竹) 외친 것이다. 그의 삶에 오랫동안 흐르던 헤드라인을 비로소 독특한 방식으로 표현했다.

'임금님 귀는 당나귀 귀'는 삼국유사의 가장 오래된 판본(조선 중종 1512년)을 기준으로 볼 때 500년 넘도록 한국인의 머릿속에 각인된 헤드라인에 속한다. 일회적으로 잠시 소비되는 매스미디어 헤드라인과는 다른 차원이다. 지금은 인터넷 기반을 활용해서 누구나 언제 어디서나 "임금님 귀는 당나귀 귀"를 외칠 수 있는 크라이어(crier)이다.

대학생들에게 헤드라인을 직무 역량으로서 필요성을 강조하면 그들은 당연히 관심을 가질 것이다. 헤드라인을 매스미디어 뉴스 중심의 편집 기술이나 기교(技巧) 방식으로 접근한다면 부담스럽게 여기고 관심과 흥미도 떨어졌을 것이다. 매스미디어 중심의 헤드라인은 헤드라인의 '온전(穩全)하고 전체적(全體的)인' 의미와 역할, 가치를 대학생들에게 교육하고 공유하는 데는 적절하지 않은 측면이 있다.

뉴스 헤드라인의 유인(誘引) 욕심

매스미디어 헤드라인의 대상은 기본적으로 어떤 현실에 대해 주어지는 기사(記事) 또는 뉴스(news)라는 콘텐츠이다.

헤드라인과 결합되기 이전의 이 콘텐츠는 복합적인 현실 덩어리의 일부분을 취사선택(取捨選擇)한 다음, 그것을 다시 축소(縮小) 또는 과장(誇張)하는 방식으로 가공(加工)한 것이다. 이 같은 가공 과정에는 보수와 진보, 중도, 좌파와 우파 같은 이념적 성향(性向) 또는 취향(趣向), 어떤 현실에 대한 호불호(好不好), 유불리(有不利) 같은 가치관이 반드시 들어간다.

매스미디어 헤드라인은 이렇게 가공된 내용의 핵심이 아니라 '핵심이라고 판단하는' 부분을 다룬다. 그렇게 붙인 헤드라인이 독자라는 소비자들의 눈길을 끌어 본문 내용에 들어오도록 꾀는 것이 의도이고 목적이다. 이 같은 관점에서 보면 신문사와 방송사, 인터넷 미디어 등이 흔히 내세우는 '정론직필'(正論直筆)이나 '불편부당'(不偏不黨), '공평무사'(公平無私) 같은 슬로건은 본질적으로 성립할 수 없는 공허한 구호이다.

매스미디어 헤드라인의 기능과 역할을 흔히 '유인어'(誘引語) 또는 '유인 표현'이라고 한다. 이는 뉴스와 광고를 모두 포함하는 매스미디어 헤드라인의 수단적이고 부분적이며 일방적인 성격을 드러낸다. '유'(誘)라는 글자 하나에 매스미디어 헤드라인의 의미를 잘 느낄 수 있다. '유'는 '꾀다, 유혹하다, 불러내다, 권유하다, 이끌다, 움직이다, 감동하게 하다, 헷갈리게 하다, 농락하다, 속이다'의 뜻이 있다.

유인을 비롯해 유발(誘發), 유혹(誘惑), 유치(誘致), 유괴(誘拐) 같은 말이 이 같은 의미를 담고 있다. 모두 상대방을 수단적이고 방편적으로 이용 또는 활용하여 자신의 의도와 목적을 달성하려는 욕구가 은밀히 작동하고 있다. 뉴스와 광고 헤드라인은 기본적으로 속임수라는 부정적 의미에서 '낚시성'이다. 헤드라인에 대한 기존의 관점은 대체로 '독자 유인'에 맞춰져 있다. 헤드라인의 대상이 되는 기사의 본문이 올바르게 취사선택되었는지에 대한 깊은 판단은 찾아보기 어렵다.

이 같은 상황을 외면한 채 헤드라인에 대해 아무리 뛰어난 기교적 표현을 하더라도 그것은 독자로서 소비자의 주목과 눈길 끌기라는 유인, 나아가 헤드라인을 미끼로 독자를 특정 의도대로 이끌려는 '유괴' 가능성에서 자유로울 수 없다.

　매스미디어 뉴스와 광고의 헤드라인에 대한 이 같은 반성이나 성찰 없이 미디어 편집 기교로서 헤드라인 작성을 대학생에게 교육하는 것은 부당한 강요에 지나지 않는다. 매스미디어는 현실을 파악하는 매개체(媒介體)로서 매우 중요하고, 헤드라인은 미디어 소비자를 위한 연결고리로서 독특한 역할을 한다. 그렇다고 하더라도 매스미디어 헤드라인은 헤드라인의 '전부'(全部)가 아니라 '일부'(一部)라는 비판적 관점은 필요하다. 이는 매스미디어 헤드라인이 헤드라인의 유일하고 절대적인 모범이나 기준이 될 수 없다는 의미다.

헤드라인의 부분성

　매스미디어 뉴스 중심의 헤드라인은 본문 내용에서 핵심이라고 판단하는 부분을 간결하게 압축 요약하는 것이 기본적인 기능과 역할이다.

　그러나 무엇이 '핵심'인지 파악하는 일은 결코 간단하지 않다. 단순히 내용을 짧게 줄이는 표현 기교의 문제가 아니다. 본문을 토대로 새로운 의미를 부여하면서 해석하고 적절히 전망하는 차원도 요약과 압축에 포함될 수 있다.

매스미디어 뉴스 헤드라인은 '2차 요약이고 압축'이라는 점에서 부분적(部分的)이므로 전체적(全體的) 현실에서 멀어진다. 헤드라인을 붙이기 전의 뉴스 기사는 복잡한 현실 덩어리에서 뉴스 밸류(news value)가 '있다고 판단 또는 생각되는' 주관적 관점과 기준에 따라 현실을 취사선택한다. 뉴스 헤드라인은 이렇게 부분적으로 요약 압축된 내용을 2차적으로 요약하여 가공하므로 본문의 부분적 요약성을 더욱 강화하는 역할도 하게 된다.

'부분성'은 한쪽으로 치우치는 '편파성'(偏頗性)이다. 뉴스의 공정성과 관련해 흔히 말하는 "있는 그대로" "사실 그대로"라는 원칙은 두루뭉술한 환상(幻想)에 지나지 않는다. '사실 자체'(事實 自體) '현실 자체'(現實 自體)가 무엇인지, 그런 것이 있는지 없는지 알 수 없다. 생각하고 판단하고 느끼는 인식의 대상은 사람에게 알려지는 '현상'(現象)이 출발점이다.

현실 vs 현상

사람의 인식이 어떻게 성립하는가 하는 본질적 물음에 답하기 위해서는 임마누엘 칸트(I. Kant, 1724~1804)의 뛰어난 연구가 여전히 유효하다.

"우리가 인식할 수 있는 것은, 사물 자체로서의 대상이 아니라 감성적 직관에 의한 사물, 즉 현상으로서 사물뿐이다."
(『순수이성비판』 Kritik der reinen Vernunft 제2판 머리글(1787년))

"모든 인식은 경험과 함께 시작된다. 인식 능력이 우리 감각을 자극하는 대상에 의해 작용하지 않는다고 한다면 무엇에 의해서 작용하겠는가. 대상은 감각을 자극하여 스스로 관념을 가져오고 지성(이성) 활동을 작동시킨다. 지성 활동은 여러 관념을 비교, 결합, 분리하여 감성적 인상(印象)이라고 하는 생생한 소재를 대상의 인식으로 완성시킨다. 이 대상의 인식이 경험이다."(『순수이성비판』, 서론 첫 단락)

"인식이 대상에 직접 관계되는 것은 직관을 통해서이다. 직관은 대상이 우리에게 주어지는 경우에만 생긴다. 이런 일은 인간에게는 대상이 어떤 방식으로든 마음을 유발함으로써만 가능하다. 대상에 의해 유발되는 방식을 통해 관념을 얻게 되는 능력이 '감성'이다. 감성을 매개로 대상은 우리에게 '주어지는' 것이며 감성만이 우리에게 직관을 제공한다.
마음이 대상에 의해 유발되는 한, 어떤 대상이 우리의 표상 능력에 미치는 작용은 '감각'이다. 감각을 통해 대상에 관계하는 직관은 경험에 바탕 하는 직관이다. 경험에 바탕 하는 직관의 대상은 '현상'이다."(『순수이성비판』, 제1부 초월적 감성론)

이 같은 주장은 사람이 무엇을 인식하는 원리에 대한 칸트 인식론의 기본이다. 인식, 즉 앎은 사물 자체라는 그 무엇이 사람의 감각에 나타나는 현상이라는 경험에서 비롯된다는 것이다. 현상을 계기로 이성이라는 지성은 아직 무질서한 현상에 질서를 부여해서 담아내면 구체적인 인식으로 성립한다.

질서를 부여하는 그릇 또는 틀이 이성의 선천적(先天的, 타고나는) 형식이다. 시간과 공간을 비롯해 원인과 결과, 우연과 필연, 가능과 불가능 같은 순수한 개념들이다. 어떤 대상 자체에서 비롯되는 현상을 감성이 받아들이고 그 현상에 이성의 순수한 형식이 결합되어야 구체적인 사고(생각)가 성립한다는 것이다.

칸트는 이 같은 인식 구조를 다음과 같은 헤드라인으로 요약한다.

"내용 없는 사고는 공허하다. 개념 없는 직관은 맹목이다."(『순수이성비판』, 제2부 초월적 논리학)

모든 자연과학과 사회과학은 현상(phenomenon)을 다루는 '현상론'(Phenomenalism)에 속한다. 현대 서양철학의 주요 흐름인 '현상학'(Phenomenology)은 현상론과 대결하면서 현상의 의미를 더 철저하게 해명하려는 철학적 태도이다. 현상론이든 현상학이든 인식의 출발점으로 삼는 것은 '현상'이고 이는 칸트가 명확하게 제시한 현상의 의미에 바탕을 두고 있다.

뉴스 헤드라인의 피상성

현상의 인식론적 의미를 언급하는 이유는 매스미디어 뉴스 헤드라인을 위한 근거인 본문의 부분성과 피상성(皮相性)을 분명히 하기 위해서다. '사실(팩트)과 현실을 있는 그대로 공정하게 보도한다'는 슬로건은 공허하고 맹목적이다. 미디어의 성격이나 성향, 취향에 따라, 예컨대 보수 우파 성향 미디어와 진보 좌파 성향 미디어 등, '나타나 알려지는' 현상을 취사선택하고 가공하는 방식은 매우 다르다. 어떤 매체인가에 따라 중요하고 중요하지 않은 현상의 모습은 아주 다른 모습으로 규정된다. 이는 사실(팩트)이라고 받아들이는 현상들이 더욱 쪼개지는 결과로 이어진다. 미디어 소비자들이 매체들에 대해 '편파적이고 편향적이다'라고 인식하거나 느끼는 근거이다.

이 같은 차원에 대한 최소한의 인식론적 반성이나 성찰 없이 헤드라인은 독자들의 주목을 끌어 선택을 받기 위해, '간결하고 정확한 요약' '리듬과 생동감' '재치 있는 비유와 상징' 등의 표현 기교를 금과옥조처럼 강조하는 것은 엄밀한 기준에서 볼 때 헤드라인이라고 보기 어렵다. '사이비(似而非) 헤드라인'이라고 할 수 있다.

만약 어떤 '가짜 뉴스'에 헤드라인을 붙일 경우, 그 헤드라인이 기교적으로 아무리 뛰어나더라도 가짜 헤드라인일 뿐이다.

가짜 뉴스라는 말이 많이 쓰고 있는데, 이는 현실의 현상을 더욱 부분적으로 쪼개는 데 부정적인 역할을 한다. "가짜 뉴스를 없애야 한다!"는 구호 같은 주장은 많지만 가짜 뉴스를 인정하면서 사과하는 경우는 거의 보기 어렵다. 이는 인정하고 사과하기 싫어서가 아니라 현실의 현상에서 무엇이 사실에 맞고 옳은 것인지 명확하게 판단하기 어려운 애매모호한 상황이 많기 때문이다. 지금은 가짜이지만 나중에는 진짜가 될 수 있고, 지금은 진짜인데 나중에 가짜가 되는 '현상으로서 사실'은 흔히 볼 수 있다.

사이비 헤드라인 우려

사물 자체가 아니라 사물 자체에서 사람의 감각에 나타나는 현상에서 인식이 비로소 시작된다면 그 과정에는 좋아하고 싫어함(호불호), 유리하고 불리함(유불리), 아름다움과 추함(미추), 긍정과 부정, 기대감 같은 복잡한 인식 요소들이 복합적으로 작용하게 된다. 이 같은 이유에서 어떤 사람 또는 집단(진영)에서는 가짜 뉴스라며 분노하는 현상이 다른 사람 또는 다른 집단에서는 웃음거리에 지나지 않는 현상이 될 수 있다. 가짜 뉴스와 그에 따른 가짜 헤드라인에서 '가짜'라는 낙인(烙印)은 현실의 현상을 단정적(斷定的)으로 좁히고 쪼개는 결과를 낳는다.

'사이비'(似而非)라는 표현은 '가짜'와 형식적인 뜻은 비슷하지만 의미 차원에서는 다른 역할과 가치가 있다. 사이비는 단정적인 낙인이 아니다. 개선(改善) 가능성을 품고 있다. '가짜 뉴스' '가짜 헤드라인'보다는 '사이비 뉴스' '사이비 헤드라인'이 의미와 가치 판단의 기준이나 원칙으로서 바람직하다.

사이비라는 표현은 맹자(孟子)가 처음 쓴 것으로 보인다. 『맹자』「진심」(盡心) 하편 끝부분에 공자의 말을 인용해서 맹자는 이렇게 말한다. 공자가 어디서 이런 말을 했는지는 알 수 없다. 맹자가 공자의 입을 빌려 지어낸 말일 수도 있다. 영국의 저명한 중국고전학자 제임스 레게(J. Legge, 1815~1897)는 사이비를

"semblance which is not the reality."로 영역한다.

> "공자가 말했다. 나는 겉으로 비슷하지만 실제로 진실한 사람됨이 아닌 것을 미워한다. 교활한 꾀로 남을 속이는 사람을 미워한다. 올바름을 어지럽힐까 두렵기 때문이다. 말을 교묘하게 하는 사람을 미워한다. 신뢰를 어지럽힐까 두렵기 때문이다."
>
> *(孔子日. 惡似而非者, 惡侫, 恐其亂義也. 惡利口, 恐其亂信也.)*

여기서 '녕(영, 侫)'과 '이구'(利口)는 교언영색(巧言令色, 교묘한 말과 꾸미는 표정)의 다른 표현이다. 사람됨이 사이비인가 아닌가는 그 사람이 겉으로 드러내는 말 표현이 빈말인지 꽉 찬 말인지, 거짓말인지 참말인지에 달려 있다는 맥락이다. 사이비는 언어 공동체의 윤리성을 요청하는 표현이다. 언어 질서가 공동체의 신뢰 기반이기 때문이다.

'가짜 사람'이나 '나쁜 사람'처럼 낙인 찍은 단정이기보다는 '영'과 '이구'의 사이비 사람됨을 바꿀 수 있다는 가능성을 담고 있다. 그래서 맹자는 이런 내용을 「진심」(盡心, 사람됨에 정성을 쏟는 태도) 편에서 다뤘을 것이다.

현실이 부분으로 드러나는 현상

헤드라인에 대한 비판과 성찰은 인터넷 중심의 매스미디어 환경을 잘 활용하기 위해서도 필요하다.

지구촌 전체를 연결하는 인터넷(inter-net)이라는 그물망 미디어의 중요한 사회적 특징은 지구촌의 모든 사람이 공동으로 소유하는 미디어라는 점일 것이다.

인터넷 이전의 미디어는 '언론 기업' 방식으로 개인과 단체, 특정 국가의 정부가 개별적으로 소유하고 운영해 왔다. 그러다 보니 뉴스와 광고의 시장(市場)에 영향을 미치기 위해 특정 신문사들과 방송사들의 파편적(破片的)이고 부분적인 경쟁이 오랫동안 이어져 왔다. 겉으로는 공정과 불편부당을 간판으로 내세우지만 실제로는 성향(性向)에 따라 '선택'하고 그 결과로 보수적, 진보적, 좌파적, 우파적, 중도적 미디어로 분화(分化)되었다. 어떤 신문기업을 두고 보수 성향 또는 진보 성향, 좌파 성향 또는 우파 성향, 여당 성향 또는 야당 성향처럼 평가하고 느끼는 것은 그 미디어들의 본질이 아니라 현실의 현상 상황에 토대를 두고 있다.

그 토대는 어떤 성향을 이념으로 취사선택해야 자사(自社)에 이익이나 손해가 되는가 하는 점이다. 이 같은 이해(利害) 관계에서 자유로운 언론사는 현실적으로 불가능하다. 기존의 모든 미디어는 대부분 '주식회사'이다. 뉴스를 생산하고 광고를 판매하고 여러 사업을 하면서 수익을 내 회사를 운영하지 못하면 시장에서 사라진다.

전통적인 미디어들이 뉴스와 광고를 세상에, 즉 '불특정 다수'에게 판매하는 방식은 오랫동안 단조로웠다. "우리(언론 기업)가 엄선해서 만드는 뉴스와 헤드라인 그리고 광고는 중요한 콘텐츠이므로 여러분(독자 또는 시청자)은 그렇게 알고 잘 선택해서 비용을 내고 이용하면 됩니다!" 같은 식이다. 인쇄미디어로서 종이 신문의 중요한 기능이고 역할로 사회적 영향력을 발휘한 '의제 설정(어젠다 세팅, agenda setting)'은 이 같은 구조에서 가능했다. 복잡한 현실에서 무엇이 중요한 뉴스가 되는지를 미디어 쪽에서 선정하고 해석하고 가공한 결과를 사람들에게 전달하는 방식이다. 특정 미디어가 뉴스를 독점(獨占)하던 인터넷 이전의 풍경이다. 뉴스와 광고, 독자들의 의견 등 신문을 제작하는 과정 곳곳에 성향을 기준으로 작용 또는 개입하는 게이트키핑(문지기, gatekeeping)도 뉴스를 독점하는 구조의 부속품이다.

뉴스가 아쉽지 않은 인터넷 시대

한계가 없는 거대한 바다와 같은 인터넷이라는 미디어에서 기존의 특정 신문과 방송 미디어는 망망대해로 흘러들어가는 가느다란 물줄기에 지나지 않는다. 창해일속(滄海一粟)이다.

인터넷에 연결되는 무수히 많은 사람들은 기존의 유료 신문 독자 또는 일정 부분의 텔레비전 시청자와는 비교할 수 없다. 무엇보다도 세상 사람들이 기존 미디어('레거시 미디어' 또는 '올드 미디어'라고 부르는)와 형성해 온 관계가 일방적이고 차별적인 관계가 아닌 '대등하고 쌍방적인' 관계가 되는 점이 가장 중요할 것이다.

인터넷이라는 미디어에서 교통(交通)하고 교감(交感)하는 사람들은 기존 미디어의 뉴스와 광고에 대해 더 이상 아쉬워하지 않는다.

무엇에 대해 아쉽지 않은 느낌이나 감정이 들면 그것은 있어도 그만 없어도 그만, 그것이 제공하는 내용은 알아도 그만 몰라도 그만이라는 생각을 가질 수 있다. 없어도, 몰라도 서운하거나 섭섭하거나 답답하지 않으면 그에 대한 기대감(期待感)도 생기지 않는다. 지금 세상의 사람들은 전통적인 미디어인 신문이나 방송에 대해 '아쉽지 않은' 감정을 가질 것이다. 클릭하는(clicking), 터치하는(touching) 사람들은 신문 배달을 기다리지 않고 방송 시간을 맞추지 않는다. 전통적인 신문사와 방송사로서는 가슴 아픈 일이지만 이는 미디어와 뉴스를 오랫동안 독점하던 '족쇄'(足鎖)가 사라진 현실을 보여준다.

인터넷이라는 진정한 글로벌 미디어는 기사(뉴스)와 광고, 그리고 헤드라인이 경쟁하며 넘쳐흐르는, 24시간 잠들지 않는 각축장(角逐場)이다. 신문과 방송, 뉴스 기사와 광고, 일간신문, 주간(週刊)과 월간(月刊) 시사 잡지 같은 구분과 경계는 없어졌다. 기사는 광고와 뒤섞여 컴퓨터나 스마트폰 화면에 시시각각 나타나고 사라지기를 끊임없이 반복한다. 온갖 개별 미디어들이 '대등한 자격으로' 화면을 꽉 채우지만 순간적이고 일회적이며 때로는 말초적(末梢的)이다.

인터넷이 뉴스와 광고의 공급과 소비의 중심축이 되면서 신문 제작에서 핵심 가이드라인 역할을 해온 데드라인(마감 시간)을 의미 없게 만들어 버렸다. 마음 졸이며 마감 시간까지 헤드라인 표현을 고민하는 노력은 부분적으로 남아 있지만, 인터넷 바다의 뉴스 마켓에서는 거의 의미가 없다. 인터넷 접속량(트래픽)이 24시간 작동하는 방식이 실질적인 데드라인이다.

헤드라인의 정명(正名)을 성찰해야 할 시대

넘치도록 많은 헤드라인을 순간순간 접하는 '디지털 독자' (digital reader)는 더 이상 이전의 수동적(受動的)인 독자가 아니다. 뉴스든 광고든 헤드라인을 주목하고 선택하고 활용하는 시간이 짧아진다. 전통적인 헤드라인 공급자들은 조급해진다. 1초라도 빨리 포털 사이트에 진입할 수 있어야 비로소 편집 업무라는 '일'로 인식하기 쉽다. '이 헤드라인이 뉴스가 담고 있는 현실의 현상을 본질 차원에서 압축하고 요약하고 있을까?' 하는 고민과 태도, 노력을 하는 형편이 되기 어렵다. 인터넷 포털을 채우는 헤드라인들이 비슷비슷한 경우가 많은데, 이 같은 조급한 헤드라인 작성 환경에서 비롯되는 경우가 많기 때문일 것이다. 인터넷에 담기는 뉴스에 대해 '뉴스 과잉'이라고 하는 경우가 있지만 이는 정확한 표현이 될 수 없다. 과잉(過剩)은 어떤 정해진 필요 기준을 넘어서는 경우를 가리키는 데, 얼마만큼의 뉴스가 기준인지에 대한 기준은 없다. 인터넷 기반으로 뉴스가 이전보다 훨씬 넉넉하고 풍성하게 넘쳐흐른다는 표현이 정확하다.

디지털 독자들의 시선(視線, 눈길)을 끌기 위해 그때그때, 짧게 짧게 소비되는 뉴스 헤드라인은 헤드라인의 정명(正名), 즉 헤드라인의 온전한 모습일까? 가짜와는 구별해야 하는, 사이비 헤드라인은 아닐까? 마감 시간과는 구별해서, 생명력 없는 헤드라인이라는 의미에서 데드라인(deadline)은 아닐까? 매스미디어 뉴스 중심의 헤드라인은 헤드라인의 의미와 역할을 매우 좁히는 족쇄가 아닐까?

뉴스와 광고, 그것을 안내하고 이끄는 헤드라인은 '삶'이라는 전체적이고 온전한 현실을 담아내 표현하기 어렵다. 사실 자체, 현실 자체의 현상을 부분적으로 피상적으로 지엽적으로 파편적으로 취사선택하고 이중적으로 요약 압축하면서 삶의 온전한 모습에서 멀어지는 측면이 있다. 이는 헤드라인을 매스미디어 뉴스의 독점적 전유물로 가두어 왔기 때문에 생기는 현상이다.

이 책은 헤드라인을 매스미디어 뉴스 중심의 관점을 넘어 삶을 전체적으로 간결하게 담아내는 차원으로 확장해 보려고 한다. '유언'(遺言)을 죽음을 앞두고 갑작스레 하는 말이 아니라 삶을 꿰뚫는 헤드라인으로 규정하는 것도 이 같은 맥락에서다. 이런 점에서 헤드라인은 윤리적(倫理的) 차원을 가진다.

개인과 공동체의 삶에서 겪는 미묘한 상황과 분위기를 윤리적으로 바르게 요약 압축하는 내용도 헤드라인 실력이다. 자기의 감정과 생각, 다른 사람의 감정과 생각을 잘 요약하는 것도 헤드라인 능력이다. 이 같은 헤드라인 역량을 가꾸면 삶의 소통(疏通)에도 도움이 될 수 있다.

　책의 제목을 '헤드라인 작성 또는 표현법'처럼 하지 않고 '헤드라인 철학(哲學)'이라고 하는 이유도 헤드라인에 대한 근본적인 성찰을 하기 때문이다. 특히 대학생들이 매스미디어 뉴스 헤드라인이라는 좁은 관점을 넘어 일상에서 '삶의 헤드라이너'로서 역량을 쌓아 가면 유익하리라는 기대를 해본다.

1장

인터네터(Interneter)는
지민(知民)이고
지중(知衆)이다

거의 모든 사람들이 인터넷이라는 지구촌 최대 미디어를 일상에서 전기(電氣)처럼 자연스럽게 사용한다면 이들의 정체성(正體性, Identity)을 규정하는 새로운 용어(term)가 필요하다.

'네티즌'이나 '누리꾼'이라는 용어를 많이 쓰고 있지만 이는 부분적이고 지엽적이어서 대표성이 떨어진다. 인터넷이 등장한 초기 단계에서 일정 기간 사용하는 용어라고 해야 할 것이다. 그럼에도 여전히 많은 사람들에게 통용되므로 그 의미를 살펴볼 필요가 있다.

'꾼'은 명사든 접미사든 '한 분야' '한 방면'이라는 부분성을 넘어서지 못한다. 꼭 부정적인 의미는 아니지만 그렇다고 긍정적인 전문가라는 뉘앙스도 떨어진다. 낮잡아 보거나 속된 어감을 주는 경우도 많다. 노름꾼, 투기꾼, 술꾼, 사기꾼, 아첨꾼, 야바위꾼, 난봉꾼, 협작꾼, 모사꾼, 훼방꾼 같은 말을 쓰거나 들을 때 그렇게 느낄 수 있다.

현실과 동떨어진 '누리꾼'

'누리꾼'은 여러 면에서 적절하지 않다. 누리꾼은 '사이버 공간에서 활동하는 사람'(표준국어대사전)으로 풀이하는데, 인터넷을 사이버(cyber) 공간으로 규정하고 이해하는 것은 지금 세상의 사람들이 일상에서 경험하는 인터넷의 의미와 역할을 담아내지 못한다. 인터넷을 컴퓨터로 연결된 '가상' 공간으로 볼 수 없기 때문이다.

가상을 한자로 '假像' '假象' '假相' '假想' 가운데 무엇으로 표현하든 '거짓' 또는 '가짜' 또는 '임시'라는 의미가 '假'에 공통적으로 들어 있다. 인터넷이라는 거대하고 복합적인 미디어를 가짜 또는 거짓으로 규정할 수는 없다.

누리꾼은 '네티즌'(netizen), 즉 네트워크 시민(network citizen)의 순화어라고 알려져 있다.

순화어(醇化語)는 '불필요한 요소를 없애고 바르게 다듬은 말. 지나치게 어려운 말이나 비규범적인 말, 외래어 따위를 알기 쉽고 규범적인 상태로 순화한 말'(표준국어대사전)이다. 이 같은 기준을 적용하면 누리꾼은 네티즌의 순화어가 될 수 없다.

'누리'는 '세상'이나 '세계'를 뜻하는 우리말인데 16세기부터 문헌에 나온다. 한자 '丗'(세)를 '누리 세'로 읽었다. 세상(丗上)은 '사람이 살고 있는 모든 사회를 통틀어 이르는 말'(표준국어대사전)

이다. 이는 16세기 세상이든 21세기 세상이든 마찬가지다. '누리'라는 말은 어떤 특정 시대의 단계나 상황을 나타내는 의미가 아니다. 구석기 시대의 세상도 누리이고, 인공지능 시대의 세상도 누리다. 전통시장 활성화 등을 위해 만든 '온누리 상품권'이나 한국형 우주 발사체인 '누리호' 등에 쓰는 누리는 인터넷 환경과 직접 관계가 없는 우리말이다.

인터넷(inter-net)과 네트워크(net-work), 월드와이드웹(WWW, World Wide Web) 그리고 이 같은 기술적 기반에 참여하는 사람으로서 네티즌의 공통점은 '네트'(net), 즉 '그물'이다. 1991년부터 사용된 WWW의 웹(web)은 그물 중에서도 거미줄을 의미하는데, 그물이라는 말보다 구체적인 이미지에 도움이 되는 것 같다. WWW를 'W3'라고 하는 것처럼 표현의 편리함도 네트를 쓰는 WWN보다 WWW가 나을 것이다. 그러나 Net이든 Web이든 '그물 짜기'라는 의미는 차이가 없다.

네트, 즉 그물은 반드시 씨줄과 날줄을 엮어 짜야 만들 수 있다. 그물을 뜻하는 한자 '망'(網)에는 씨줄과 날줄을 나타내는 '실'(糸, 사)이 들어 있다. '망'은 중국어로 인터넷(网, wang)을 나타내는데 그물의 의미를 담아낸다.

누리는 네트(net, 網)의 의미를 조금도 담아내지 못한다. 누리꾼은 네티즌의 순화어, 동어의, 유의어가 될 수 없다.

인터넷은 '사이에서 함께 한다'는 뜻의 'inter'를 네트에 연결하여 그물 짜기의 상호작용 의미를 명확하게 한다. 그물 짜기의 활동성을 더 구체적으로 나타내려면 '인터-네터워크'라고 해야 할 것이다.

알맹이 없는 '네티즌'

네티즌이라는 용어도 다시 살펴볼 점이 있다.

시티즌(citizen)의 일상적 의미는 도시에 사는 사람이다. 도시(都市)는 중심 지역이어서 사람들이 많이 사는 공간이다. 중심은 도시에서 떨어진 시골이라는 지역과 비교하는 말이다. 사전에도 도시와 시골은 반의어라고 설명한다.

이렇게 보면 네티즌이라는 말은 도시를 우선하고 우월하게 여기는 반면, 시골과 시골 사람은 무시하는 차별적 의미가 들어 있다. 인터넷은 도시 사람들에게만 해당되고 농어촌 시골 사람들과는 거리가 있다는 뉘앙스가 네티즌이라는 용어에서 느껴진다.

인터넷이 지구촌에 사는 거의 모든 사람들의 일상이 된 지금 세상에서 네티즌은 이 같은 현실을 보여주지 못한다. 네티즌과 누리꾼은 동의어가 될 수 없다. 네티즌이나 누리꾼은 인터넷 세상을 사는 사람들의 모습을 반영하지 못한다.

네티즌과 누리꾼을 대체할 새로운 용어가 필요하다. '인터넷을 사용하는 사람들'이 의미상 적절하다. 영어로는 '인터넷 유저(사용자)'(Internet-user)이다. 인터넷 유저는 보편적 의미를 담아내지만 두 단어여서 간결한 면이 부족하다.

인터네터(Interneter)

'인터네터'(Interneter)는 어떨까? 행위의 주체를 나타내는 접미사 '-er'을 붙인 한 단어인데다 의미도 간결하고 명확하다. 영어사전의 표제어는 아니지만 일상에서 쓰기에 충분할 것이다. 네티즌이나 누리꾼에 비해 인터넷 세상이라는 현실에 적합한 의미를 나타낸다는 점이 중요하다.

이 책에서는 필요할 경우 이 같은 의미를 담는 '인터네터'를 쓰고 네티즌 또는 누리꾼은 사용하지 않는다. 인터네터는 인터넷을 전반적으로 일상생활에 적용해 활용하고 이용하는 사람들이다.

포털(portal) 사이트에서 뉴스를 검색하고 헤드라인을 선택하고 내용을 보는 식의 뉴스 소비는 인터네터에게는 인터넷 활용의 일부에 지나지 않는다. 많은 조사에 의하면 인터네터의 뉴스 소비가 정치적 성향에 따라 정파적(政派的)으로 치우쳐 편향적(偏向的)이며, 이는 건전하고 바람직한 여론 형성 등에 매우 부정적인 현상이라고 우려하는 지적이나 주장이 있다. 이런 현상은 인터네터의 성향과 별개로 미디어 기업의 정파적 편향성 때문에 나타날 수 있다.

이 같은 지적에도 불구하고 현실에서는 거의 아무런 변화가 없는데, 이는 정파적 편향 같은 심각한 성향(性向) 문제가 아니라 취미(趣味)와 같은 취향(趣向)의 차원에서 작동하기 때문이다. 모든 취미가 정당한 것은 아니지만 취미가 공동체의 가치를 훼손하는 잘못이 없는 정도라면 취미와 취향은 대등하게 존중해야 할 것이다.

어떤 인터네터의 뉴스 소비 방식이 편파적이고 편향적이라고 지적하거나 우려 섞인 비난을 하는 것은 부분을 부풀려 전체에 적용하려는 '부당확충(不當擴充)의 오류'가 될 수 있다. 취미와 취향에 대해서는 옳고 그름을 논할 수 없다. 뉴스 공급자인 미디어 기업이 뉴스라고 판단하는 현상에 대한 취사선택과 가공은 여러 요소가 결합되는 매우 주관적(主觀的)인 과정일 뿐 현실 자체 또는 사실 자체가 아니다.

그와 같은 주관적인 과정은 뉴스 제작자의 취향이고 취미에서 벗어나지 못한다. '우리(뉴스 공급자)가 만들어 공급하는 사실 자체인 뉴스를 미디어 소비자들은 편식(偏食)하지 말고 주는 대로 수용하는 것이 바람직하다'는 불순한 의도가 들어갈 수 있다. 이는 뉴스 공급자인 미디어 기업들의 감춰진 폭력이다. '사실을 있는 그대로!'라는 구호만큼 공허하다.

인터네터의 일상생활을 뉴스 소비에 한정할 경우 '디지털 독자'라는 용어를 쓴다.

독자(讀者, reader)는 독자인데 뉴스를 읽는 방식이 종이 신문 같은 아날로그가 아니라 포털 사이트를 통해 읽는 사람들이라는 뜻이다.

독자는 '책, 신문, 잡지 따위의 글을 읽는 사람'(표준국어대사전)이다. 유의어로 '간객'(看客)을 드는데, 간객은 '구경하는 사람' '구경꾼'과 같은 말이라고 풀이한다. 그러니까 독자의 일반적 의미는 누군가가 먼저 글로 쓴 내용을 2차적으로 읽는 주체라는 것이다.

이런 맥락에서 독자라는 용어에는 수동적이고 소극적이며 일방적이라는 의미가 들어 있다. 능동적이고 적극적이며 쌍방적이라는 의미는 독자라는 말에서 느끼기 어렵다.

인터넷 세상의 주인공 인터네터

이 같은 의미의 독자는 인터네터의 일상과는 어울리지 않는다. 인터네터는 누군가 만들어 놓은 뉴스라는 음식을 단순히 받아먹는 사람들이 아니기 때문이다. 인터넷 미디어를 살펴보면 인터네터들이 시사(時事)에 대해 쏟아내는 다양한 관점의 글이 넘칠 정도로 풍성하다. 자세히 비교해 보면 뉴스 전문가들이 모여 있는 신문사에서 기자 또는 칼럼니스트 같은 뉴스 해설자들이 제공하는 내용보다 수준이 높은 경우도 흔히 볼 수 있다.

뉴스 생산과 관련해서 인터네터들의 활동이 자연스러워지면서 '칼럼'이나 '프로암' 같은 용어도 더 이상 현실을 반영하지 못한다. 칼럼은 오랫동안 신문이나 잡지 같은 전통적인 미디어의 독점물이었다. 일반인이나 어떤 분야의 전문가가 칼럼을 어떤 신문에 게재하기 위해서는 선별 과정인 게이트키핑(gate-keeping)을 통과해야 한다. 그 특정 미디어 기업의 성향이나 취향에 맞지 않으면 칼럼용 글은 버려진다. 인터네터들은 이제 미디어 기업들의 게이트키퍼 앞에 서서 검열(檢閱)을 기다릴 필요가 없다. 칼럼을 '신문, 잡지 따위의 특별 기고'라는 사전의 풀이는 현실을 아주 좁게 반영할 뿐이다.

인터네터의 활동과 관련해 '프로암(Pro-Am) 시대'라는 용어가 있다. 기존의 미디어 기업에서 뉴스를 생산하는 기자 등은 전문가로서 프로페셔널이고, 인터넷 미디어에 직접 글을 쓰고 영상을 올리는 사람들은 프로페셔널까지는 아니지만 아마추어로서 저널리즘 영역에 참여한다는 의미다.

거대한 인터넷 미디어에서 이 같은 프로페셔널과 아마추어의 구분은 더 이상 의미가 없다. 어떤 경우에는 기존 미디어 기업에 소속된 기자들이 뉴스를 다루는 실력이 뛰어날 수 있고, 어떤 경우에는 아마추어 아닌 인터네터로서 뉴스를 다루는 솜씨가 뛰어난 경우가 있다. 프로페셔널과 아마추어라는 상하(上下) 관계 또는 우월과 열등이라는 불평등이 아니라 대등한 입장에서 뉴스 생산 경쟁을 벌이는 것이다.

수동적 독자의 종료

인터네터로서 디지털 독자는 수동적으로 읽는 사람들이 아니다. 독자에서 '독'(讀)은 대개 '읽을 독'으로 읽고 쓴다. '讀'은 '言'(언)과 '賣'(매)로 나눌 수 있는데, '언어(言)를 판매, 즉 주고받는다'는 의미로 풀이할 수 있다. 말을 주고받는다는 것은 커뮤니케이션, 즉 언어 소통이다. 소통한다는 것은 언어의 의미를, 암호를 풀어내듯이, 바르게 해독(解讀, decoding)하는 행위다. 디지털 독자는 헤드라인을 포함해 언어의 의미를 적극적이고 능동적, 쌍방적으로 파악하고 활용하는 주체다. 독자의 의미를 이 정도라도 새롭게 규정할 필요가 있다.

뉴스 연구 권위자인 뉴욕대학교 언론정보학과 미첼 스티븐스(M. Stephens) 교수는 뉴스 시장(市場)에서 벌어지는 이 같은 경쟁을 '기분 좋은 평등주의'(pleasing egalitarian)라고 표현한다. 그는 이렇게 말한다.

"뉴스를 발견하고 이야기하는 즐거움을 더 이상 기자증(press card)을 가진 축복받은 사람들에게만 넘겨줄 필요가 없다. 한 세기 반 동안 이어져 온 저널리즘의 비즈니스 모델은 이제 붕괴되고 있다. 뉴스 수집(news-collection) 비즈니스가 실패하고 있는 것은 확실하다. 전자 커뮤니케이션의 새로운 형태는 뉴스를 훨씬 저렴하게 수집하고 배포하기 때문에 신문발행업자들이 확고하게 유지했던 독점(monopoly)을 무너뜨리고 있다. 이제 전 세계는 뉴스가 거의 아무런 방해를 받지 않고 흘러 다니는 거대한 하나의 마을(one big village) 또는 선술집 또는 커피하우스가 되었다. 이렇게 풍부하고 공짜로 유통되는 뉴스는 빠르고 멀리 퍼지고 있다."(『비욘드 뉴스』 Beyond News, pp.93~95)

스티븐스 교수는 인터네터들의 왕성한 뉴스 생산 활동을 다음과 같은 비유로 설명한다.

"이 같은 환경에서 뉴스 기업들이 자신이 만든 물건(뉴스
상품)을 판매하려고 애쓰는 것은 세계의 모든 슈퍼마켓뿐
아니라 온갖 가족 경영 식료품점과 농장들이 밀집한 마을
에서 식료품을 판매하려고 애쓰는 것과 비슷한 상황이다.
그것도 거의 모든 사람들이 모든 물건을 공짜로(for free) 내
다 파는 상황과 같다."(『비욘드 뉴스』, p.95)

그는 "이 같은 상황이 점점 더 흔해지고 있다."면서 "저널리
즘 분야의 전문적 배경이 있든 없든 특정 뉴스 전문가들이 계
속 주요 뉴스 기업과의 경쟁에서 승리하고 있다."고 말한다.(같
은 책, p.99)

인터네터는 올드미디어 킬러

어떤 분야든 오랫동안 누리던 독점 상태가 흔들리고 무너져
내리면 당황하면서 의욕이 떨어지기 마련이다.

한국의 미디어 기업에 소속된 기자들의 사기(士氣)가 낮아지
는 모습은 스티븐스 교수가 언급한 것처럼 뉴스 시장의 거대
한 소용돌이에 휩쓸리는 어지러움 때문일 것이다. 한국언론진
흥재단이 국내 신문사와 방송사, 뉴스통신사, 인터넷 언론사

등 2,011곳에 소속된 기자들을 대상으로 조사(2023 한국의 언론인 조사)한 결과에 따르면 최근 1~2년 사이의 사기 변화에 대한 질문에 응답자의 62퍼센트가 사기가 낮아졌다고 답했다. 변화없음은 21퍼센트였다.

사기가 떨어지는 원인에 대해서는 언론인으로서 비전 부재가 55퍼센트로 가장 높았고, 업무 성취감과 만족감 부재(37퍼센트), 언론인에 대한 사회적 평가 하락(34퍼센트) 순이었다.

미디어 기업에 속한 기자와 뉴스 해설자 등 언론인들은 거의 모든 뉴스를 녹여 버리는 거대한 용광로 같은 인터넷이라는 미디어 현상에 상대적 박탈감을 크게 느낄 수 있다. 거의 모든 인터네터들이 그들의 강력한 경쟁자가 되고 있다. 스티븐스 교수는 이런 인터네터들을 기존 미디어들의 저격수(killer)라고 부른다.

미디어 기업을 언론사, 소속된 기자와 뉴스 해설자 등을 언론인(言論人)이라고 부르는 것도 정확하지 않다. 신문사와 방송사는 언론을 위한 하나의 사회적 수단일 뿐 '언론 개념'을 독점할 수 없다. 인터넷 미디어 환경은 오랫동안 미디어 기업들이 독점하다시피 한 언론의 바른 이름(정명, 正名)을 성찰하고 복원하는 계기가 될 수 있다. 언론은 기본적으로 개인과 공동체의 언어적 소통 행위이며 신문이나 방송의 뉴스 제작에 한정할 수 없다.

인터네터는 새로운 '민'[民]과 '중'[衆]

인터넷 세상의 중심이라고 할 수 있는 '인터네터'(Interneter)를 포괄적(包括的, comprehensive)으로 담아낼 새로운 용어는 무엇일까? '많은 사람'을 나타내는 '민'(民)과 '중'(衆)을 실마리로 삼는 게 좋겠다.

'민중'(民衆)을 한 단어로 쓰는 경우에 사전의 뜻은 '국가나 사회를 구성하는 일반 국민. 피지배 계급으로서의 일반 대중을 이른다'(표준국어대사전)라고 풀이하는데, 이는 지금 세상에 전혀 맞지 않다. 수천 년 전 봉건독재 시대에서나 쓸 수 있는 뜻이다. 다른 사전에는 '보통 피지배층을 이루는 노동자, 농민 등을 이르는 말'이라고 풀이한다. 민중에 대한 이 같은 의미 규정(definition)은 인터네터로서 지금 세상 사람들의 정체성이나 특징을 조금도 담아내지 못한다. '피지배 계급'이나 '피지배층' 같은 표현은 거부감을 준다.

'民'과 '衆'이라는 글자의 뿌리는 봉건적 계급사회의 잔재(殘滓, 찌꺼기)에 닿아 있다. 지배층의 다스림을 받는, 그래서 지배층이 업신여기고 얕잡아 보는 천시(賤視). 무시(無視). 경시(輕視)의 대상이었다.

　서민(庶民), 여민(黎民), 중민(衆民), 증민(蒸民), 조민(兆民) 같은 말은 지배하여 관리하고 보살펴야 하는 많은 사람 무리라는 의미가 들어 있다.

　천민(賤民), 부민(浮民), 소민(小民), 유민(流民), 우민(愚民), 하민(下民) 같은 말은 떠돌이나 다를 바 없는 사람들의 비천한, 즉 낮고 보잘 것 없는 특징을 나타낸다.

　일부 지배계급 사람들만으로는 국가(國家)라는 큰 집을 유지할 수 없으므로 천박하더라도 백성을 지배계급의 이익을 위해 다스리면서 살아갈 수 있도록 가르치고 보살펴 줘야 한다. 목민(牧民), 생민(生民), 안민(安民), 보민(保民), 신민(新民), 제민(濟民), 훈민(訓民), 축민(畜民), 화민(化民) 같은 말이 이런 현실을 나타낸다.

　'民'이라는 글자는 갑골문에 송곳 같은 뾰족한 물건으로 사람의 눈을 찌른 모습이다. 노예나 마찬가지 소유물인 '民'을 통제하는 잔인한 모습이 느껴진다. 『설문해자』(說文解字, 최초의 한자 사전)는 '民'을 '중맹'(衆萌)이라고 풀이한다. 초목의 싹이 땅에 많이 있다는 의미다. 땅에 의지해 일하면서 지배층을 먹여 살리는 많은 사람들이라는 뜻이다.

　'衆'(중)은 사람이 많다는 뜻이다. 『설문해자』도 '많다'(多也.)로 풀이한다. 여기서 사람은 피지배층 또는 하층민으로서 농사를 짓는 사람을 나타낸다. 갑골문은 뙤약볕(日) 아래서 여러 사람(众)이 일하는 모습이다. 대중(大衆), 군중(群衆), 민중(民衆), 공중(公衆), 관중(觀衆), 청중(聽衆) 등에서 '중'은 여러 사람을 나타내는 정도의 뜻으로 쓰인다.

이 가운데 '대중 매체'라는 용어로 널리 쓰이는 '대중'(大衆)은 더 살펴볼 필요가 있다.

'대'(大)는 우주적 차원에서 인간의 품격과 존엄을 나타내는 상징어다. 그래서 『설문해자』는 '大'를 이렇게 풀이한다.

> *"하늘이 존귀하고 땅이 존귀하고 사람도 존귀하다. 사람의 모습을 본 뜬 글자이다."*(天大, 地大, 人亦大. 象人形)

대중은 막연한 불특정 다수

'大'는 사람을 정면에서 볼 때 팔과 다리를 벌린 당당한 모습이다. 그러나 '대중 매체'에서 쓰는 '대'는 이 같은 의미와 아무런 관련이 없다. 그저 '양적(量的)으로 많음'을 뜻할 뿐이다. 소중(小衆)이 사람의 숫자가 적음이라면, 대중은 많은 사람이라는 단순한 뜻만 들어 있다. 많은 사람이란 '불특정 다수'(不特定 多數, random people)라는 막연한 사람들을 가리킨다.

대중 매체에 대한 사전의 풀이는 '신문, 잡지, 영화, 텔레비전 따위와 같이 많은 사람에게 대량으로 정보와 사상을 전달하는 매체'이다(표준국어대사전). 유의어는 '매스미디어'(mass media)이다. 매체(媒體)는 한쪽에서 다른 쪽으로 전달하는 수단이다. 영어로는 '미디어'이다.

사전의 풀이에서 중요한 부분은 '많은 사람에게' '대량으로' '전달하는'이다. 신문이나 텔레비전이 만든 뉴스를 포함한 일체의 콘텐츠를 불특정 다수인 대중에게 일방적(一方的)으로 전달하는 미디어를 대중매체라고 규정하는 것이다. "어떤 미디어가 매스미디어 현상이 되기 위해서는 우선 수신자의 규모(size)가 문제가 된다. 매스미디어는 동시에 다수의 사람들에게 정보를 전달할 수 있어야 한다. 또 동일한 내용의 메시지를 모든 수신자, 즉 청중(audience)에게 보내야 매스미디어가 된다."(이상철, 『언론발달사』, p.233)처럼 미디어 연구서의 설명은 대체로 이와 같다.

대중에 해당하는 영어 '매스'도 이 같은 맥락으로 쓰인다. 'mass'의 사전적 의미는 '정확한 형체가 없는 덩어리' '양(量)이 많은' '대량(大量)의' '대규모의'라는 뜻이다. 독자나 시청자, 수용자, 청취자 같은 표현이 대중매체의 소비자들로 짐작되지만 구체적인 연결이나 접속 상태는 확인할 수 없는 불특정 다수로서 막연한 사람들이다.

대중매체 또는 매스미디어에 대한 이 같은 통념적 규정은 정확한 것일까?

탁월한 미디어 연구자였던 마셜 맥클루언(M. McLuhan, 1911~1980)은 매스미디어에 대해 지금의 통념과는 본질적으로 다르게 설명한다.

　"이는 매스미디어의 특징이기도 하다. 매스미디어는 수용자의 많고 적음이 아니라 누구든지 미디어에 동시(同時)에 참여함으로써 매스미디어가 되는 현상을 나타낸다."

　such is also the character of "mass media." they are an indication, not of the size of their audience, but of the fact that everybody becomes involved in them at same time.(Understanding Media, p.349)

맥클루언이 매스미디어에 대해 말하는 배경은 전기의 힘에 의해 '순간적으로 전체를 포괄하는'(instant inclusive embrace) 방식이다.

매스미디어의 성격에 관한 그의 설명이 놀라운 이유는 인터넷이 없던 1960년대(이 책은 1964년 출판되었음)에 2025년의 인터넷 세상에 매우 적합한 매스미디어의 특징을 규정하고 있기 때문이다. 전통적인 신문이나 방송의 경우, 수동적으로 여겨지는 독자 또는 시청자들이 뉴스 등을 수용하는 방식은 일방적(一方的, unilateral)이다. 구체적으로 어떻게 연결 또는 접속되는지 확인할 수 있는 시스템도 없다. 신문의 유료 구독자 숫자나 텔레비전의 시청률은 구체적인 접속이나 연결 또는 참여가 아니다.

인터넷은 민주(民主) 기반

인터넷이라는 미디어는 일방적이지 않다. 쌍방적(bilateral)이다. 인터네터가 구체적인 행위를 통해 전기 시스템에 접속(connection) 하는 순간에 '즉각적(卽刻的)으로' 매스미디어가 된다. 이런 인터네터는 불특정 다수가 아니다.

대중매체의 '대중'과 매스미디어의 '매스'의 통념적 의미를 바꾸기는 어렵지만 '大'의 본질적 의미에 접근하지 못하고, 그에 바탕을 두고 있는 대중매체와 매스미디어는 인터넷이라는 쌍방향 미디어의 특징을 갖지 못하는 점은 지적해 둘 가치가 있다.

'대한민국은 민주 공화국이다.
대한민국의 주권은 국민에게 있고.

모든 권력은 국민으로부터 나온다.'

대한민국 헌법 제1조이다. 이 내용을 부정하는 사람은 아무도 없을 것이다. 대한민국을 구성하는 '모든 사람'이 완전히 대등한 자격으로 나라의 주인이라는 의미다. 민주(民主)는 모든 사람이 아무런 차별 없이 나라의 주인이라는 뜻이다. 민국(民國)은 그런 모든 사람들의 국가공동체라는 의미다. 국민(國民)은 그런 국가공동체에서 살아가는 사람들이다.

민주는 '民'이 '主'(주인, 주체)라는 주권재민(主權在民)의 대원칙을 나타낸다.

민주가 이처럼 당연하게 인식되기까지는 오랜 세월 동안 많은 희생과 어려움을 이겨낸 결과로 가능했다. 역사 발전의 산물이다. '민주'는 오랫동안 '민이 주인'이 아니라 '민의 주인'이라는 인식과 현실이 지배했기 때문이다.

동양에서 거의 모든 경전(經典)의 뿌리인『시경』(詩經)과『서경』(書經, 상서)에서 그 흔적을 볼 수 있다. 이들 문헌에서 군자(君子)와 소인(小人)은 신분적, 계급적 의미로 쓰인다. '군자는 백성의 부모'(君子民之父母) 같은 관용적 표현은 지배층으로서 군자가 피지배층인 백성(民)에 대해 우월적 계급 의식을 보여준다. 공자(孔子)는 군자나 소인의 계급적 의미를 벗어나 도덕적이고 인격적인 의미로 강조하는데, 이는 훨씬 후대의 일이다.

'하늘이 백성의 주인인 임금을 구했다.'(天惟時求民主.) '탕임금에 이르러 백성의 주인이 되었다.'(乃惟成湯作民主.) 같은 표현(『서경』「주서」(周書) '다방'(多方) 편)은 '민'이 지배계급의 재산 같은 소유물이라는 상황을 보여준다.

군중 시대의 종말

대중과 함께 '많은 사람 덩어리'를 나타내는 용어로 '군중'(群衆)이 있다. 사전의 풀이는 '무리(떼) 지어 모여 있는 많은 사람'이다. 많은 사람을 가리키는 용어 중에서 가장 거칠고 품위 없는 뜻을 담고 있다. '群'에 '양'(羊)이 들어 있는 점으로 미뤄 '양떼 같은' 동물의 무리를 떠올리게 한다. 떼 지어 사는 군집(群集) 또는 군락(群落)이라는 말도 떠오른다.

군중에 관한 대표적인 연구로 프랑스 출신의 귀스타브 르 봉(Gustave Le Bon, 1841~1931)이 1895년 출간한 『군중심리』(*Psychologie des Foules*)를 꼽을 수 있다. 풀(foule)은 영어로 매스(mass) 또는 크라우드(crowd)로 번역된다.

르 봉이 19세기 유럽을 '군중의 시대'로 규정하면서 군중의 특징을 연구한 것은 오늘날을 기준으로 보면 현실을 제대로 반영하지 못하는 측면이 많다. 그럼에도 군중이라는 관점에서

본 사람들의 특징은 오늘날 사람들을 파악하고 규정하는 데 참고할 가치가 있다. 군중 연구의 고전으로 평가되는 점도 고려할 필요가 있다.

르 봉은 이 책에서 군중의 특징을 다음과 같이 설명한다. 특정 상황에서 형성되는 개인의 무리는 그 무리를 구성하는 개개인과는 매우 다른 특성을 드러낸다는 점을 강조한다.

- 군중 속의 개인은 충동적이며 난폭하고 원시인처럼 열광하며 때로는 용맹하게 나선다.
- 군중 속의 개인은 바람결에 이리저리 흩날리는 무수한 모래알과 같다.
- 군중은 독립된 개인보다 항상 지적(知的)으로 열등하다.
- 군중은 충동의 노예다.
- 군중은 항상 자극에 따르기 때문에 몹시 변덕스럽게 보인다.
- 군중은 언제나 무엇인가를 기대하기 때문에 암시를 받으면 쉽게 넘어간다.
- 군중은 극단적인 감정에 휘둘린다.
- 군중은 비판적 사고 능력을 상실한 나머지 모든 것을 맹신하는 경향을 띤다.
- 군중은 감정을 단순하고 과장되게 표현한다.

- 군중은 단순하고 극단적인 감정만 느낀다.
- 독선과 편협성은 군중에게 뚜렷이 드러나는 감정이다.
- 군중은 힘 있는 사람을 존경하고 그들에게 순종한다.
- 사상은 단순한 형태를 띠어야 군중이 이해할 수 있다.
- 군중은 깊이 생각하거나 이성적으로 추론할 능력이 없다.
- 사건의 경이롭고 전설적인 면이 군중에게 가장 깊은 인상을 준다.
- 군중은 이미지로만 생각하고 이미지로만 감동을 받는다. 경이롭거나 신비한 이미지여야 한다.
- 군중에게는 어떤 주장을 논리적으로 증명하려고 해서는 안 된다.
- 군중은 토론이나 반론을 허용하지 않는다.
- 군중이 찬양하는 영웅은 그들에게 신(神)과 마찬가지다.
- 군중의 영혼에 영향을 주는 것은 환상과 언어인데, 특히 언어가 그렇다.
- 비현실적이고 강력한 언어에는 군중을 사로잡는 놀라운 힘이 있다.
- 군중의 상상력은 이미지에 지대한 영향을 받는다.
- 군중은 불편한 진실을 외면하고 오류가 마음에 들면 그것을 신격화한다.
- 확언과 반복은 군중에게 강력한 영향력을 발휘한다. 군

중은 그것을 결국 증명된 진실로 받아들인다.

• 군중의 생각만큼 유동적이고 변화무상한 것은 없다. 열렬히 환호하던 것을 하루도 지나지 않아 격렬히 비난하는 일이 흔하다.

• 군중의 의견이 정치의 향방을 결정하는 기준이 되고 있다.

르 봉은 책의 머리말에서 "무의식적인 군중의 행동이 의식적인 개인의 행동을 대체하는 현상은 지금 시대의 주요 특징 중 하나이다."라고 하면서도 "사회적 현실은 무척 복잡하기 때문에 그것들이 서로 어떤 영향을 주고받는지 전체적으로 파악하고 예측하는 것은 불가능하다."고 말한다. 사람들이 지각하는 (인식하는) 현상은 바다의 수면에 드러나는 파도에 불과하다는 것이다.

이는 르봉이 당시 사회의 많은 사람들을 개성을 잃고 충동적으로 휩쓸려 다니는 군중으로 파악하고 있지만 이는 세상의 많은 사람들의 특성을 규정하는, 어느 시대에나 통하는 보편적 원칙이 아니라 시대 상황에 따라 변할 수 있음을 넌지시 말하는 것으로 보인다. 그가 만약 지금 같은 인터넷 세상에서 살았다면 책의 내용을 근본적으로 수정(修訂)할 필요를 느꼈을 것이다.

어떤 시대든 그 시대를 사는 사람들의 집단적 특징을 일률적으로, 획일적으로 한 가지만으로 규정할 수는 없다. 그렇지만 '인터네터'는 수천 년 전 고대 사회는 물론이고 르봉이 살았던 시대에도 상상할 수 없던 '새로운 세상 사람들'이다.

인터네터를 포괄적으로 규정할 수 있는 용어는 무엇이 적절할까? 네티즌이나 누리꾼은 아니다. 서민, 국민, 인민, 시민, 양민, 만민도 아니다. 대중, 군중, 민중, 공중, 관중, 청중도 아니다.

지민과 지중의 시대

인터네터는 '지민'(知民)이고 '지중'(知衆)이다.

'지'(知)의 기본적인 태도는 주체적이고 능동적이며 적극적인 활동이다. '지'가 들어가는 단어의 동사적 의미를 보면 알 수 있다.

- 지각(知覺) : 깨달음
- 지견(知見) : 분별하는 힘
- 지려(知慮) : 슬기로운 분별
- 지성(知性) : 사물을 알고 생각하고 판단하는 능력
- 지식(知識) : 사물을 판별하는 힘
- 지언(知言) : 말의 옳고 그름을 분별하는 앎

- 지인(知人) : 사람을 알아보는 앎
- 지혜(知慧) : 사물의 도리와 시비 선악을 분별하는 능력

'知'라는 글자는 '矢'(화살 시)와 '口'(입 구)가 결합된 것이다. 화살이 활에서 나가듯이 알고 있는 것을 입을 통해 내보낸다는 의미를 생각해 볼 수 있는데, 이는 억지스럽고 의미도 특별한 것이 없다.

『설문해자』는 '말(하다)'이라고 풀이한다(詞也.). '詞'(사)는 '마음 속의 뜻과 그것을 언어로 드러냄'(意內而言外也.)으로 풀이한다. 언어를 통한 활동성이라고 할 수 있다.

'知'의 적극적인 활동성을 구체적으로 규명하기 위해서는 '지식'의 의미를 확장하는 방식이 도움이 될 수 있다. 지식(知識)을 '어떤 대상에 대해 배우거나 실천을 통하여 알게 된 명확한 인식이나 이해' 같은 사전의 뜻풀이로는 지식의 활동적 성격을 파악하기 어렵다.

지식의 활동적 성격은 경영철학자인 피터 드러커(P. Drucker, 1909~2005)가 말하는 지식 개념을 활용하는 게 효과적이다. 그는 현대 사회의 특성과 관련하여 '지식사회'(knowledge society) '지식경영'(knowledge management) '지식근로자'(knowledge worker) 같은 용어를 처음으로 사용하는 등 지식의 독특한 의미를 풍성하게 확장했기 때문이다.

이 같은 용어를 기본으로 지식을 연결한 용어에는 '지식경제' (knowledge economy) '지식콘텐츠'(knowledge contents) '지식산업'(knowledge industry) '지식 생산성'(knowledge productivity) '지식노력'(knowledge effort) 등이 있다.

필자가 2003년 12월 미국 캘리포니아 주 클레어몬트 경영대학원 교수로 재직하던 드러커 박사(당시 94세)를 만나 인터뷰했을 때 그는 자신의 삶을 지식근로자로 규정했다. 우리나라를 여러 번 방문한 드러커 교수는 "한국은 지식을 자원으로 활용하여 국가를 성장시킨 가장 모범적인 사례"라고 평가했다.

드러커는 지식을 '활용할 때만 존재하는 에너지'라고 독특하게 정의(definition)한다. 어떤 정보나 자료를 어떤 일을 하기 위해 적용(適用)할 때 비로소 지식이 된다는 것이다. 이 같은 규정에 따르면 책이나 인터넷에 가득한 내용은 그 자체로는 지식이 아니다.

『단절의 시대』 The Age of Discontinuity, 『프로페셔널의 조건』 The Essential Drucker, 『창조하는 경영자』 Managing For Results, 『자기경영 노트』 The Effective Executive 같은 그의 저서에서 지식과 관련된 핵심을 간추리면 다음과 같다.

- 지식은 전기나 돈과 마찬가지로 활용될 때만 존재하는 에너지의 한 가지 형태이다.

- 지식은 오래된 내용이든 새로운 내용이든 그것이 적용 가능한가에 달려 있다.
- 지식이 실제 업무와 행동에 적용되지 않으면 아무리 위대하더라도 무의미한 데이터에 불과하다.
- 지식은 책에서 찾을 수 없다. 지식은 책 속의 정보를 구체적인 작업에 적용하여 성과를 올리는 능력이다.
- 지식은 매우 특이한 경제적 자원이고 진정한 생산 요소이다.
- 지적(知的) 통찰력은 그대로 성과로 이어지지 않는다. 매우 체계적인 작업을 통해서만 성과와 연결된다.
- 지식의 적용과 성과에 책임을 지는 사람이 경영자이다.
- 지식근로자는 지식사회에서 진정한 자본가이다.
- 지식 기반 조직에서 지식근로자는 경영자이다.
- 지식근로자는 스스로를 가르칠 때 가장 잘 배울 수 있다.
- 지식근로자는 스스로 설정한 기준에 따라 성장한다.
- 지식근로자는 자신의 강점에 집중하고 강점을 개선한다.
- 지식근로자의 삶은 끝나지 않는다. 그들은 나이와 상관없이 계속 일할 수 있다.
- 지식근로자는 탁월함을 발휘하려고 노력하는 사람이다.
- 지식은 기업의 경쟁력이다.
- 올바른 지식은 시장(市場)의 기회를 이용하는 데 필요한 지식을 가리킨다.

- 지식이 지식으로서 계속 남기 위해서는 계속 진보해야 한다.
- 지식근로자의 임무는 목표 달성이다. 목표 달성 능력은 조직에서 일하는 지식근로자의 특수한 기술이다.
- 지식근로자는 스스로 방향을 설정해야 하고, 그 방향은 성과, 즉 목표 달성에 초점을 맞추어야 한다.
- '생각'은 지식근로자의 고유한 일이다.
- 지식근로자의 생산성이란 올바른 일을 수행하는 능력으로서 목표 달성 능력이다.
- 지식근로자의 노력을 집중시키기 위한 제1법칙은 생산적이지 않은 과거와 단절하는 것이다.
- 목표를 달성하는 지식근로자는 새로운 활동을 시작하기에 앞서 반드시 낡은 것을 먼저 정리한다.
- 현대 조직의 모든 지식근로자는 각자 경영자이다.
- 지식근로자에게는 기회, 목표 달성, 자기 실현, 가치가 필요하다.

지식을 구체적으로 적용하여 활용하고 이용하면서 지식사회를 구성하는 지식근로자의 지적(知的) 정체성은 인터네터의 능력과 활동, 일하는 방식과 가깝다. 이와 같은 차원에서 인터네터는 지민(知民)이고 지중(知衆)이다.

2장

헤드라인은 곧고 올바름을 드러내는 제목(題目)이다

헤드라인의 의미와 역할, 그리고 정체성을 더 깊이, 즉 철학적으로 성찰하기 위해서는 관련 용어를 분석할 필요가 있다. 이를 통해 헤드라인에 대한 이해가 넉넉해지면 헤드라인을 다루는 느낌과 기분, 나아가 책임도 나아질 수 있다.

헤드라인(headline)을 헤어라인(hairline), 데드라인(deadline), 레드라인(redline), 가이드라인(guideline), 포토라인(photoline)처럼 '라인'이 들어가는 여러 용어 가운데 하나쯤으로 단순하게 여길 수 있는 태도를 넘어설 수 있다. 헤드라인을 '제목'으로 쓰는 경우도 많으므로 이에 관한 분별도 필요하다.

라인(line)은 실마리

헤드라인의 '라인'(line)과 헤어라인, 데드라인 등에서 쓰는 라인의 뜻은 같은가? 다른가?

헤어라인 등에서 쓰는 라인은 기본적으로 '사이'를 구분하는 경계선(境界線)이라는 의미다. 헤어라인은 이마와 머리카락의 구분선이다. 데드라인은 최종 한계선이다. 원고 마감 시한으로도 쓴다. 레드라인은 받아들일 수 있는 한계선이다. 가이드라인은 방법이나 수단 등의 안내선이다. 포토라인은 취재 경계선이다. 한자 '線'(선)의 여러 가지 뜻 중에서 경계선이나 범위에 해당된다.

헤드라인에서 라인은 '특정 목적을 가지고 하는 간결한 말(言)'이 기본적인 의미다. '線'의 뜻에서는 실마리 또는 단서(端緒, clue)가 해당한다.

'線'은 '糸'(실 사)와 '泉'(샘 천)으로 구성된 글자이다. '泉'은 '白'(흰 백)과 '水'(물 수)로 구성되는데, 흰 물이 아니라 '맑은 물'이라는 뜻이다. '泉'은 맑은 샘물이 솟아나는 모습을 나타낸다. '糸'는 실인데, 실은 연결하는 의미다.

이를 종합하면 '線'은 맑은, 즉 순수한 연결이라고 할 수 있다. 불순(不純)하면 정상적인 연결이 아니라는 뜻이기도 하다.

'실마리'는 '실의 머리'다. 헝클어진 실뭉치도 실마리, 즉 실마리를 찾아야 실을 가지런하게 감을 수 있다. '선'이 맑고 순수한 실로 연결하는 의미라면 실마리(실머리) 또한 순수성이라는 의미를 담는다고 볼 수 있다. 순수해야 일을 바르게 해결하는 실마리가 될 수 있다.

헤드(head)는 신체의 상징

헤드라인에서 중심은 '헤드'(head)이다. 머리카락에서 발가락까지 몸 전체에서 중요하지 않은 부분은 없지만 뇌를 비롯해 눈, 코, 귀, 입이 있는 얼굴로서 머리는 인체의 상징성뿐 아니라 기능 면에서도 특별하다. 팔이나 다리는 없어도 살아갈 수 있지만 머리가 없으면 완전한 죽음이다. 이런 점에서 머리는 인체의 중심이고 상징이다.

동물을 헤아릴 때 한 마리, 두 마리라고 하는데, 여기서 마리는 머리다. 동물의 몸 전체를 머리가 대표한다는 의미다.

'머리'는 15세기 문헌에 등장한 후 지금까지 쓰는데, 당시에는 머리와 마리가 같은 뜻으로 함께 쓰였다. 어원적으로는 '높은 곳'이다. 머리는 '우두머리' '머리말' '뱃머리' 같이 '꼭대기, 으뜸, 위, 앞, 처음'의 뜻으로 쓴다(백문식, 『우리말 어원사전』, p.199).

'헤드'(head)는 '뇌와 눈, 귀, 코, 입으로 구성된 신체의 일부'가 기본적인 의미다. 뇌(腦)와 관련해 사고력이나 판단력 같은 정신적 능력(mental ability)이라는 의미가 나온다. 동사 의미는 '특정 방향으로 향하다, 무엇을 이끌다, 책임지다, 제목을 붙이다' 등이다.

머리를 나타내는 한자(漢字)를 통해 헤드라인의 의미를 더 깊이 살필 수 있다. 특히 헤드라인은 '제목'과 섞어 쓰는 경우가 많은 만큼 제목 관련 용어를 구체적으로 분석할 필요가 있다. 제목을 '작품이나 강연, 보고 따위에서, 그것을 대표하거나 내용을 보이기 위하여 붙이는 이름' 같은 풀이(표준국어대사전)로는 헤드라인의 특별한 의미를 담아내기에는 부족하다.

국어사전의 풀이와 같은 의미의 제목은 영어로 헤드라인이 아니라 '타이틀'(title)이다. 타이틀은 책이나 노래, 영화 같은 작품의 특징을 보여주기 위해 붙이는 이름표 같은 것이다. 영어사전에는 타이틀을 'the name given to something (such as a book, song, or movie) to identify or describe it.'로 풀이한다.

헤드라인도 영어사전은 타이틀을 써서 'the title written in large letters over a story in a newspaper.'로 풀이한다. 타이틀은 타이틀인데 신문의 뉴스에 대해 크고 굵은 글자로 쓰는 뜻으로 설명한다. 이는 정확하지 않다. 헤드라인으로서 타이틀은 신문의 뉴스 기사에 한정되지 않으며, 크고 굵은 글꼴은 본질이 아니다.

머리는 으뜸

'머리'를 나타내는 한자는 '頭'(두)와 '首'(수)이다.

'頭'는 '豆'(두)와 '頁'(혈)을 합한 글자이다. '豆'는 보통 '콩 두'라고 읽는데, 여기서는 콩이 아니라 제사에 음식을 담는 그릇을 나타낸다. 접시가 아니고 발이 달린 좀 높은 그릇이다. 이것이 사람의 머리와 관련되는 것은 인체에서 머리가 가장 높은 부위(部位)이기 때문일 것이다.

'頁'은 머리카락이 있는 사람의 머리를 강조하는 모양의 글자이다. '首'(수)는 사람뿐 아니라 동물의 머리 모양까지 나타내는 글자이다. '頁'과 '首'는 같은 글자이다.

사람의 머리를 나타내는 다른 글자로 '元'(원)이 있다. 보통 '으뜸 원'으로 읽는데, '二'(이)와 '人'(인)으로 구성된 글자이다. '二'는 '두(둘), 둘째' 같은 의미가 아니고 '위, 위쪽, 높음'을 뜻하는 '上'(상)의 옛 모양이다. 그래서 '元'은 사람의 머리를 나타내고, '으뜸, 처음, 근본, 큼, 아름다움' 같은 의미가 나온다.

사람의 머리를 뜻하는 '頭' '首(頁)' '元'을 선(線)과 결합해서 헤드라인을 표면적인 글자 대로 나타내면 '두선'(頭線), '수선'(首線), '원선'(元線)이라고 할 수 있다. 헤드라인을 '두선' 등으로 번역하여 바꿀 수는 없지만 헤드라인에 대한 직접적인 번역어로서는 가능하다.

제목은 올바른 판단의 결과

'제목'이 왜 헤드라인의 뜻으로 쓰이는지 그 의미를 분석해 본다.

헤드라인과 제목을 섞어 쓰는 경우가 많으므로 제목의 뜻을 헤드라인과 관련지어 살펴볼 필요가 있다. 『신문기사 제목달기』 나 『제목 하나 바꿨을 뿐인데』 같은 책 제목에서 쓴 제목은 뉴스 헤드라인을 가리킨다. 제목이 『노인과 바다』 같은 문학작품의 타이틀이 아니라 헤드라인으로 쓸 수 있으려면 '제목'이라는 용어에서 타이틀의 뜻을 넘어서는 의미를 찾아내야 한다.

'題'(제)는 대개 '제목 제'라고 읽는데, 이는 글자의 구체적인 의미에 대해 아무런 정보를 주지 못한다. 『설문해자』는 '題'를 '이마'(額, 액)라고 풀이한다. 이마는 눈썹 위로부터 머리털이 난 부분 사이를 가리킨다. 이마 아래로 눈, 코, 귀, 입이 배치되는 얼굴 모습을 보면 이마는 얼굴에서도 가장 높은 위치를 차지한다.

머리가 몸에서 가장 높은 부위인데 이마는 머리에서도 가장 높은 곳이므로 몸 전체에서 가장 높은 부분이 된다. '높다'는 '값이 비싸다'는 은유적 표현처럼 '귀하다, 뛰어나다, 우뚝하다, 훌륭하다'의 뜻이 생긴다.

'題'는 '是'(시)와 '頁'(혈)로 구성된 글자이다. '頁'은 '首'(수)와 같은 글자로 머리를 가리킨다.

'是'가 중요하다. '옳다, 바르다, 바르게 하다'의 뜻이다. '是'는 해(태양)를 나타내는 '日'(일)과 '바르다'의 뜻인 '正'(정)이 결합된 글자이다.

태양은 높고 넓은 하늘을 상징하고 사람 세상을 기준으로 볼 때 일정하게 뜨고 지는 한결같음은 올바름의 상징이다.

'是'를 『설문해자』는 '곧고 올바름'의 뜻으로 '直也'(직야)로 풀이한다. '直'은 바르고 곧아서 사사롭지 않고 꾸미지 않는다는 뜻이다. 곧고 바른 태도에서 세상일에 대한 판단도 바르게 할 수 있을 것이다.

『설문해자』는 '直'을 '정견'(正見)이라고 풀이한다. 대개 '볼 견'으로 읽는 '見'은 눈으로 본다는 뜻뿐만 아니라 '만나다, 듣다, 알다, 깨닫다, 예측하다'는 의미가 있다. 그러므로 정견은 '인식의 전체적 올바름'이라고 할 수 있다. 이처럼 '題'에는 판단과 표현에서 사람의 머리가 갖는 고귀함처럼 올바름을 추구해야 한다는 당위(當爲, 마땅함)가 담겨 있다.

헤드라인의 다른 이름으로 '제목'을 쓸 경우 '題'에 왜 '目'(목)이 결합된 것일까?

'제' 즉 이마의 아래에는 눈(目)뿐만 아니라 귀(耳, 이)도 있고 코(鼻, 비)도 있고 입(口, 구)도 있는데 왜 하필이면 '제이'(題耳),

'제비'(題鼻), '제구'(題口)가 아니고 '제목'(題目)인가? 귀로 듣고 입으로 말하는 것도 중요한데 눈으로 보는 행위가 왜 '머리(이마)의 대표'가 되는가? 『설문해자』도 '目'을 '사람의 눈동자를 본뜬 모양'(人眼象形重瞳子也.)으로 풀이하고 있어 실마리로 삼을 만한 게 없다.

헤드라인은 윤리적 가치

'題'에 들어 있는 '是'에서 단서를 찾아본다.

'是'는 '直'(직)의 뜻인데, '直'은 '十'(십)과 '目'과 'ㄴ'(은)으로 이루어진 글자이다. '十'은 대부분 '열 십'으로 읽지만 꼭 숫자 '10'을 나타내는 것은 아니다. '十'은 동서를 뜻하는 '一'과 남북을 뜻하는 'ㅣ'이 교차하는 모습이다. 동서남북과 가운데(중앙)를 갖춘 모양이다. 이 같은 의미에서 숫자 '10'은 온전히 갖춘 숫자를 상징한다. 그래서 『설문해자』는 '十'을 '數之具'(수지구)로 풀이한다. '數'는 숫자만 가리키지 않고 '완전히 또는 전부 헤아리다(계산하다)'의 뜻이 있다. '具'는 '충분히 갖추다'의 뜻이다. 이 같은 의미를 종합하면 '十目'(십목)은 '충분할 정도로 철저하게 눈여겨보는 행위'라고 할 수 있다.

'直'에서 왼쪽에 붙은 'ㄴ'(은)은 '숨다, 숨기다'의 뜻이다. 겉으로, 피상적으로, 부분적으로 보면 숨어 있는 것을 파악하기 어려우므로 판단력을 충분히 활용하여 살피고 확인하여 올바른 이해와 인식으로 나아가야 한다는 의미를 찾을 수 있다.

이 같은 생각을 해보면 헤드라인과 헤드라인으로서, 타이틀이 아닌, 제목은 본질적으로 '윤리'(倫理)의 차원에 닿아 있다. 본문을 요약하거나 눈길을 끌어 본문을 읽도록 유인(誘引)하는 식의 표현 기교에 한정되지 않는다.

헤드라인 또는 헤드라인으로서 제목의 윤리적 차원은 행위의 가치 기준으로서 어떤 강제적인 윤리 도덕 규범을 말하는 게 아니다. 인터네터를 비롯한 사람들이 서로 대등한 자격으로 공동체를 지키고 성장시키는 태도와 노력이다. 이는 소박하지만 가장 높은 수준의 주체적인 품격이다.

'倫'(윤)에서 '侖'(윤)은 죽간(책)을 모아 둥글게 말아 놓은 모양의 글자이다. 죽간의 내용은 사람의 생각이고 둥근 모양은 유연하고 개방적이며 너그러운 원만함이다. 『설문해자』는 '倫'을 '輩也'(배야)라고 풀이한다. '輩'는 수레(전차)가 날개를 펼친 것처럼 가지런한 모습으로 함께 나아가는 모습을 나타낸다.

3장

서양의 레토릭(rhetoric)과 동양의 수사(修辭)는 다르다

- 화려한 레토릭을 구사하는 정치인이다.
- 레토릭의 일종인 수사가 뛰어나다.
- 화려한 레토릭으로 정당의 대표가 되었다.
- 레토릭으로 국민을 속여 체감 경기를 가리려는 대국민 사기극이다.
- 후속 대책도 없는 레토릭에 불과한 것 같다.
- 정치적 레토릭만 외치고 있다.
- 정치적 함의를 담은 레토릭에 불과하다.
- 발언을 한 국회의원의 레토릭은 성공한 셈이다.
- 여성 인권을 입으로는 레토릭처럼 외치고 있는데, 실제로는 여성을 비하하고 있다.
- 대통령의 말에 재계에서는 레토릭에 불과하다는 평가가 나온다.
- 정부의 균형 발전 전략은 정치적 레토릭 이상의 의미를 갖지 못한다.
- 김 장관은 "'직을 건다'는 말은 절대 레토릭(수사)이 아니다."라고 말했다.
- 독재는 정치적 레토릭이 아니라 정권의 본질인 것 같다.

- 자신을 '중도 보수'라고 말하는 것은 단순한 레토릭(rheto-ric)이 아니다.
- 일종의 레토릭, 수사를 통해 자신의 심정을 드러내는 것은 낮은 자세로 가겠다는 계산일 것이다.
- 실행 가능한 성과물을 내야 한다. 레토릭(수사)을 앞세워서는 안 된다.
- 그런 일시적인 레토릭이 아닌 지속적인 언행을 보여주기를 기대한다.
- 그것은 레토릭(정치적 수사)이었다고 하는 등 고심이 깊다.
- 그의 말은 구미에 맞게 비틀어낸 레토릭이었다.
- 애초 레토릭(정치적 수사) 차원이었는데 사람들이 진짜로 받아들여 버린 것이다.
- 방위비 분담금 인상을 노린 협상용 레토릭일 가능성이 제기된다.
- 의도를 숨기고 부드럽게 압박하는 전략적인 레토릭이라는 것을 알아야 한다.
- '척결'이라는 레토릭은 착각이다.
- 김 의원은 "다른 나라의 수사(레토릭)에 흔들리지 않고 우리의 결정을 내릴 것"이라고 말했다.
- 무역 적자가 상대국에 이용당한 결과라는 레토릭이 미국 정부를 움직이고 있다.

- 정치권의 식상한 레토릭 때문만은 아니다.
- 중국과의 관계 개선에는 레토릭 이상이 필요하다.
- "한국이 미국의 레토릭을 따라하고 있다"며 "이는 한중관계 개선에 도움이 안 된다"고 말했다.

'레토릭'에 대한 부정적 인식

빅카인즈(한국언론진흥재단 뉴스빅데이터 분석 서비스)를 활용해 최근 5년 동안(2021년 이후) 뉴스에 등장한 '레토릭'이라는 용어는 2,900여 건이다. 정치와 관련해서 쓰는 경우가 많고, 사례에서 보는 것처럼 대부분 부정적 맥락이다. 달콤한 말로 남의 비위를 맞추어 살살 달래는 사탕발림이고 입발림이다. 귀가 솔깃하게 꾀는 감언(甘言)이다. 일상에서 "그 사람은 레토릭에 뛰어나다."고 하면 의사소통에서 매우 중요한 말(언어) 표현을 잘 하기 위해서 세밀하게 말을 다듬는 사려 깊은 사람이라는 긍정적인 의미가 아니다. 실속 없이 말만 번지르르 그럴듯하게 내뱉어 조심할 필요가 있는 사람이라는 낙인(烙印)이나 마찬가지다. 미사여구(美辭麗句)라는 성어도 부정적 의미에서 쓰는 레토릭에 가깝다.

레토릭에 대해 표준국어대사전은 이렇게 풀이한다.

① 화려한 문체나 다소 과장되게 꾸민 미사여구.

② 언어의 사용법을 연구하는 학문. 의미 전달에 효과적인 문장과 어휘를 사용해서 설득의 효과를 높이기 위한 표현 방법을 연구한다.

①과 ②의 유의어는 '수사'와 '수사학'이다. 사전의 풀이에서 ①과 ②는 매우 다르다. 풀이의 순서에서도 ①의 의미를 먼저 제시하는 것은 레토릭의 통념적 의미에 가깝다고 보기 때문일 것이다. 앞에서 예로 든 레토릭의 의미와 거의 일치한다. 레토릭은 명실상부(名實相符)가 아니라 어딘가 과장(誇張, 사실보다 부풀림)하여 솔깃하게 만드는 불순한 의도가 느껴질 수 있다.

영어사전의 풀이도 비슷하다.

레토릭(rhetoric):

① language that is intended to influence people and that may not be honest or reasonable.

② the art or skill of speaking or writing formally and effectively especially as a way to persuade or influence people.

레토릭을 '설득을 효과적으로 하기 위한 말이나 글의 표현 기술' 정도로 풀이하면 중립적이고 건전하다. 그런데 ①의 풀이에서 개운하지 않은 부분이 있는데 'may not be honest or reasonable'이 그것이다. 사람들에게 영향을 미칠 의도에서 하는 말(언어)이기는 한데 '순수한, 정직한, 합당한, 이치에 맞는 말이 아닐 수 있다'는 의미를 꼬리표처럼 붙여 놓았다.

레토릭에 대한 이 같은 사전의 풀이는 레토릭에 대한 부정적 평가가 반영된 것이라고 할 수 있다. 수년 전 신문에서 본 헤드라인이 인상적이어서 기억에 남아 있다. 정권을 비판하는 기사인데 '이벤트로 떴다가 레토릭으로 지나'였다. 내용을 자세히 살피지 않아도 대략 의미가 스친다. '이벤트와 레토릭'은 짝을 이뤄 알맹이 없는 겉치레 정권이라는 암시를 준다. 기사의 결론은 이렇다.

'콘텐츠가 빈 상자를 포장지로 눈속임하는 데는 한계가 있는 법이다. 국정 곳곳에서 고장난 소리가 나는데 말장난으로 수습하려는 참모들 태도에 국민들은 짜증이 나기 시작했다. 이벤트로 떴던 정권이 레토릭으로 내리막길을 재촉하고 있다.'(조선일보 2019년 1월 3일)

기사의 타당성과는 별개로 레토릭이라는 말은 말장난 껍데

기에 불과하다는 부정적인 인식과 이미지를 각인시킨다.

헤드라인의 레토릭 유혹

헤드라인 표현과 관련해서 레토릭을 살펴보는 이유는 매스미디어 뉴스와 광고의 헤드라인이 레토릭의 이 같은 특징과 상당 부분 겹치기 때문이다. 일시적인 주의(注意, attention)나 흥미(興味, interest)를 일으켜 꼬드기는 또는 부추기는 유인(誘引, seduction) 또는 유혹(誘惑)이라는 의도가 그렇다.

'유'(誘)에는 말(언어)에 대한 부정적 의미가 담겨 있다. '言'(언)과 '秀'(수)가 결합된 글자로, 표면적 의미는 '말을 빼어나게 잘한다'이지만 여기서 말은 정직하고 순수한 의미보다는 속여 꾀는 의미가 강하다. 유괴(誘拐, 사람을 속여 꾀어냄), 유병(誘兵, 달아나는 척하며 적병을 속임), 유세(誘說, 달콤한 말로 달래어 꾐), 유인(誘引, 유혹하여 꾀어냄), 유치(誘致, 꾀어서 끌어옴), 유혹(誘惑, 꾀어서 마음을 혼란스럽게 함) 같은 말에서 부정적 어감이 잘 드러난다.

지금 시대처럼 뉴스 헤드라인이 인터넷 포털 사이트에서 헤드라인을 내걸고 시시각각 경쟁하는 환경에서는 순간적인 관심과 흥미를 끌 수 있는 헤드라인으로 접속량을 늘리려는 유혹과 압박을 이전보다 훨씬 더 많이 받을 수 있다. 포털의 뉴스 코너에는 '헤드라인 뉴스'라는 안내판으로 여러 미디어의 다양한 뉴스를 배치하므로 포털의 뉴스 사이트는 헤드라인의 치열한 각축장이다. 뉴스 헤드라인이 담기는 컴퓨터나 스마트폰의 화면 속 헤드라인들은 생성소멸이 빨리빨리 진행되므로 순간적인 소모품과 비슷해진다.

언어 수사와 범죄 수사

레토릭은 '수사'와 '수사학'이라는 번역어가 굳어져 있는데, 여기에는 난감한 문제가 들어 있다. 한글로만 쓰고 말하면 레토릭으로서 수사(修辭) 또는 수사학이 경찰 등 수사기관의 범죄수사(搜查) 또는 학문으로 범죄수사학과 구별할 수 없다는 점이다. 일상에서는 레토릭으로서 수사보다는 범죄 수사로서 수사가 훨씬 더 많이 쓰인다. 최근에는 대학에 경찰범죄수사학과, 과학수사학과, 융합과학수사학과 등 범죄 수사와 관련된 학과가 많이 생기면서 이 같은 현상은 더욱 흔해지고 있다. 레토릭으로서 수사학의 한 분야에 과학수사학(科學修辭學, Rhetoric of science)이 있지만 일상에서 쓰는 경우가 드물어 과학수사(科學搜查)와 구별하기 어렵다.

이 같은 사정 때문에 뉴스 표현에 레토릭으로서 수사가 얼마나 쓰이는지 대략이라도 파악하기 어렵다. 빅카인즈를 확인하면 최근 5년 동안 뉴스에 나온 '수사'는 110만 건 가량인데 대부분 범죄수사와 관련되는 내용이다. 레토릭으로서 수사는 아리스토텔레스의 저술로 『수사학』(修辭學)이 언급되는 정도라고 할 수 있다.

다음과 같은 뉴스 내용을 보자.

> "수사학은 삶에서 매우 중요한 데도 수사학을 가르치지 않는 학교가 문제라고 하겠다. 수사학의 기본은 인문학에 있다."

여기서 말하는 수사학은 레토릭으로서 수사를 가리키는 것이 분명해 보이지만, 가령 범죄를 예방하기 위해서는 보통 사람들도 수사학의 기본 상식을 알아 둘 필요가 있다는 맥락으로 이해할 수도 있다. 또 '월가는 트럼프 대통령의 관세 수사학을 꿰뚫어 보고 있다.'는 뉴스 표현은 얼핏 관세에 관한 범죄수사가 떠오를 수도 있다.

이 같은 혼란 때문에 수사보다는 레토릭을 더 많이 쓰는 것으로 보인다. '레토릭(수사)' '레토릭(정치적 수사)'처럼 쓰는 경우도 종종 보인다. 레토릭은 외국어도 아니고 외래어도 아니다. 수사 또는 수사학이라는 오래되고 유일한 번역어가 있기 때문이다. 레토릭의 번역어로 '수사'는 적절하지 않다는 점은 뒤에서 다룬다.

레토릭이 사람을 꾀는 사탕발림 감언이설 같은 의미로 대부분 쓰이는 현실은 레토릭의 짝으로서 수사 또는 수사학도 그와 같이 부정적으로 인식하게끔 만든다. 한 수사학자는 수사학에 대한 정의(定義, definition)가 어려운 이유를 이렇게 말한다.

> "일상적으로 수사학은 경멸적(輕蔑的, 깔보고 업신여김)인 의미로 사용된다. 일상생활에서 우리는 '수사학' '수사' '수사적'이란 용어들을 대상의 부정적 가치 폄하를 위하여 사용한다. 예를 들어 내용은 없고 겉치레만 번지르한 담론을 우리는 공허한 수사의 남발이라고 이야기하는데 여기서 수사란 내용의 알맹이가 아닌 겉포장을 가리키며 일종의 허식(虛飾)으로 꾸며지고 장식(裝飾)된 담론을 뜻한다."(박성창, 『수사학』, p.14)

문장 작법의 교과서로 평가받는 『문장강화』(文章講話, 1940)에서 이태준은 수사와 레토릭을 동일하게 보면서 그 부정적 인식을 다음과 같이 말한다.

> "동양의 수사(修辭)와 서양의 레토릭(rhetoric)은 애초부터 문장 작법은 아니었고 원래는 변론술(辯論術)이었다. 문장보

다는 언어가 먼저 있었고 출판술 이전에 변론술이 먼저 발달되었으니, 수사법이나 레토릭은 다 말하는 기술로서 시작한 것이다…… 따라서 근대에 와 수사학은 말보다는 글의 수식법(修飾法)으로서 완전히 뒤바뀌는 운명에 이르렀다."(이태준, 『문장강화』, p.23)

히틀러의 수사 왜곡

아돌프 히틀러(A. Hitler, 1889~1945)에 대한 대표적인 이미지는 '독일 총통' '독일 수상'보다는 '대중 선동가'이다. 『히틀러의 대중 선동술』 같은 책의 제목에서 이 같은 고정된 이미지가 잘 보인다.

선동(煽動)이 꼭 부정적인 뜻은 아니다. 부채(煽)라는 물건으로 바람을 일으키는 기본적인 의미는 나쁜 게 아니다. 부채질로 일으키는 바람이 왜 사람을 부추기고 꾀어 어떤 마음을 드러내도록 하거나 행동하게 하는 비유로 쓰이게 되었는지에 대해서는 정확하게 알기 어렵다.

'자극'(刺戟)은 뾰족한 물건으로 찌른다는 의미로, 부정적인 의미가 아니다. 어떤 일에 자극을 받으면 좋은 동기 부여나 격려가 되는 경우도 많다. 그런데 '자극적인 헤드라인' '자극적인 제목' '자극적인 내용'처럼 '자극적'으로 표현하면 부정적인 의미가 보태지는 경우가 흔하다.

'히틀러'라는 사람에 대해 부정적으로 각인된 이미지가 아니라면 '대중 선동술'이라는 표현은 대중을 움직여야 하는 정치인이라면 거부감 없이 활용할 가치가 있는 내용이 될 수 있다.

이런 사정과 달리 히틀러 연구가인 학자가 저술한『히틀러의 수사학』(김종영, 2010)은 히틀러에 대한 인식과 이미지가 '수사학'과 결합되면서 수사에 대한 부정적 인식과 겹친다. 히틀러의 범죄 행위를 어떻게 수사한 것인지와 같은 내용은 아니다. 히틀러의 범죄적 대중 선동을 일종의 레토릭으로서 수사학이라고 보는 관점이다. 책의 제목을『히틀러의 레토릭』이라고 하면 어떨까 하는 생각이 든다.

저자는 책에서 히틀러를 '수사학을 활용해 성공한 대중 선동 웅변가 또는 연설가'로 규정한다(p.47). 책에서 수사학 자체에 대해 특별히 언급하지 않는 점으로 미뤄 저자는 수사학을 청중을 효과적으로 설득하는 데 필요한 언어적 수단이나 방법으로 생각하는 것 같다.

히틀러와 수사학을 연결하는 내용을 몇 가지 제시하면 다음과 같다.

- 연구자들은 히틀러가 뛰어난 연설 능력, 수사학적으로

탁월한 능력을 갖고 있다는 사실에 대체로 의견이 일치한다.(p.3)

- 물질적으로 궁핍하지 않고 돌격대에 휘둘리지 않는 윤리적이고 종교적인 심성을 갖고 있는 사람들조차도 히틀러의 수사학에 광신적으로 열광하는 장면을 목격할 수 있다.(p.51)
- 동시대인들의 증언을 들어보면 히틀러는 대단한 수사적 능력을 갖고 있는 연사라는 사실을 추적해 낼 수 있다. 거의 모든 추종자들은 히틀러가 갖고 있는 천부적 연설 능력에 감명 받아 그를 따르게 되었다.(p.52)
- 히틀러의 수사학적 성공 능력은 결합(연결) 능력이라고 할 수 있다. 이 능력은 물질적인 그럴듯함의 잠재성뿐 아니라 형식적, 심리적, 사회적, 상황적, 구조적 접속 능력을 포괄한다.(p.57)
- 히틀러 수사학의 독특함은 표현 방식에 있어서와 마찬가지로 연설 구성 방식에서도 나타난다. 도입부는 시작을 알리지 않고 곧바로 강력한 어투의 고발로 들어간다.(p.68)
- 히틀러 수사학에서는 청중에게 강하게 어필하는 것이 관건이다. 따라서 문제를 여러 개로 만들지 않고 사안을 가능한 한 적게 만들고 이를 끊임없이 반복하여 주장한다.(p.69)

- (아리스토텔레스의 수사학이 강조하는) 에토스와 파토스의 적절한 조화를 이뤄내 청중의 감정을 조절하는 히틀러의 수사학 특징이 잘 드러난다.(p154)
- 히틀러는 '베르사유 조약'으로 인한 사태의 심각성을 언급하며 청중의 관심을 불러일으킨다. 고전 수사학의 관심 끌기 원칙을 잘 활용하는 셈이다.(p.179)
- 히틀러의 연설에는 호소 성격이 많이 들어 있는데, 호소를 통한 무아지경의 상태는 청중에게 원하는 효과를 얻기 위하여 선택한 수사학적 방법 가운데 하나이다.(p.203)
- 체제를 부정하며 대중의 마음을 자기 쪽으로 끌어들일 수 있는 그만의 독특한 수사학이 그를 권좌에 오를 수 있게 했다.(P.263)
- 히틀러는 그만의 독특한 수사학으로 자신이 부정하는 모든 대상에 대하여 대중의 저항을 불러일으킬 수 있었다.(p.268)
- 히틀러 수사학의 대중 선동적 특징은 그의 독특한 표현 기법에서 잘 드러난다. 히틀러는 격한 감정이 담긴 욕설로 정적(政敵)을 부정하고 나선다. 이 과정에서 그는 상대가 반박할 수 없는 주장을 펼쳐 나갔으며, 이러한 주장은 과격하고 노골적인 표현과 더불어 대중에게 강력한 인상을 심어 주었다.(p.269)

저자는 "대부분의 사람들은 역사상 가장 혐오스런 인물로 히틀러를 쉽게 떠올린다."는 말(머리말 첫 문장)로 히틀러에 대한 세상 사람들의 인식과 이미지를 대신한다.

히틀러의 삶에 대한 평가는 연구자들의 몫이므로 여기서 언급할 필요가 없지만, 저자의 말처럼 '혐오의 대명사' 같은 히틀러의 성공 아닌 성공의 핵심 요소가 그의 독특하고 뛰어난 수사학에 있다고 하는 점에 주목하지 않을 수 없다. 히틀러만큼이나 수사학도 부정적으로 인식될 수 있기 때문이다. 책의 제목을 『히틀러의 대중 연설』 정도로 했다면 이 같은 걱정은 할 필요가 없을 것이다.

히틀러의 연설 내용을 높은 수준에서 세밀하게 살피는 책의 내용은 히틀러의 대중 설득 전략을 '로고스, 에토스, 파토스' 차원에서 분석한다. 이 세 가지는 '서양 수사학'의 아버지인 아리스토텔레스가 청중 설득의 핵심 요소로 제시한 장치로 지금도 널리 활용되고 있다.

히틀러가 아리스토텔레스와 키케로 같은 그리스 로마시대의 걸출한 수사학자들을 깊이 연구했는지는 알 수 없지만, 히틀러의 대중 연설 특징을 이 같은 도구를 활용해 분석하면 히틀러의 부정적 이미지 배후에 마치 아리스토텔레스의 그림자가 어른거리는 듯한 느낌을 받을 수 있다. 이는 수사학 또는 레토릭이라는 용어에 대한 인식에도 부정적인 인식을 심어 줄 수 있다.

아리스토텔레스와 키케로의 '레토릭' 고민

아리스토텔레스(384~322 기원전)는 62세로 숨질 때까지 철학, 형이상학, 논리학, 윤리학, 문학, 정치학, 천문학, 자연학, 의학, 관상학 등 많은 분야에서 뛰어난 연구를 하여 '서양 학문의 아버지'로 불린다. 그런 그가 수사학으로 번역되는 『레토릭』*Art of Rhetoric* 이라는 방대한 저술을 남긴 이유는 2200년 후 히틀러 같은 사람이 자신의 수사학을 대중 선동에 악의적(惡意的)으로 이용하도록 하기 위해서가 아니다.

레토릭에 대한 아리스토텔레스의 관심과 고민은 레토릭을 말을 꾸미는 기교(테크닉)에서 구원해 논리학 같은 정당한 학문의 위치로 정립하는 데 있었다. 그래서 아리스토텔레스는 『레토릭(수사학)』을 다음과 같이 시작한다.

"수사학은 변증술(대화술, *dialektike*)과 짝을 이룬다. 이 두 가지는 특정 지식 분야에 속하지 않는 주제들을 다룬다.

수사학은 설득과 관계 있고 설득은 증명의 일종이다. 수사학은 주어진 경우에 가능한 모든 설득 수단을 찾아내는

능력이라고 정의할 수 있다."*(아리스토텔레스, 『수사학』, pp.24~31)*

그는 이어 말(언어)을 통한 증거로 세 가지를 제시한다. 말하는 사람의 성격, 청중의 심적(心的) 상태, 증명하는 말 자체가 그것이다(p.31). 여기서 에토스, 파토스, 로고스라는 그의 독특한 설득 요소가 나온다.

아리스토텔레스가 레토릭을 철학과 논리학의 토대 위에 학문적으로 바르게 세우려고 한 이유는 당시 널리 퍼져 있던 레토릭의 부적절한 모습을 극복하기 위해서였다.

기원전 5세기 무렵 아테네 도시국가는 귀족제에서 민주제로 전환되면서 변론술에 대한 수요가 크게 늘었다. 민회(民會)가 국정의 중심이 되면서 대중 연설로 민회에 영향을 미치려는 분위기가 형성됐다. 재판정도 개방형이어서 500여 명의 배심원들에게 영향을 끼치는 데는 변론술이 크게 작용했다.

고르기아스로 대표되는 소피스트 레토릭이 큰 성공을 거두고 있었다. 플라톤의 대화 편에 『고르기아스』가 있는데 플라톤은 소크라테스를 등장시켜 고르기아스의 레토릭을 진리를 가로막는 궤변으로 규정하고 강하게 배척한다.

언어의 중요성에 비춰 볼 때 레토릭에 대한 플라톤의 강한 거부감이나 알맹이 없이 말만 잘 하는 기술로서 소피스트 레토릭을 비판적으로 극복하는 데 아리스토텔레스 레토릭의 탁

월함이 있다. 그가 수사학에 논리학의 연역법과 귀납법, 삼단
논법 등을 적용하여 체계적으로 논의한 것은 서양 수사학 전
통에서 가장 중요한 토대가 된다.

아리스토텔레스가 레토릭에 '윤리성'을 강조하는 점은 레토릭
의 올바름을 추구한 훌륭한 차원이다. 그는 윤리적으로 바르
지 못한 것을 설득하려고 해서는 안 되며 청중도 진실되고 정
의로운 것을 선호한다는 신념을 믿었다(박성창, 『수사학』,
pp.135~136). 레토릭이 유혹하는 말 기술로 타락하는 것을 막기
위해서였을 것이다.

로마 공화정 말기의 뛰어난 정치가, 철학자, 수사학자인 키케
로(마르쿠스 툴리우스 키케로, 106~43 기원전)도 레토릭에 대해 무
르익은 차원을 보여준다.

그의 수사학도 효과적인 연설에 대한 방법을 다각도로 이야
기하지만 전체적으로 철학적 바탕을 중요하게 여긴다. 키케로
는 『수사학』을 다음과 같은 구절로 시작한다.

> "연설가(Orator)는 설득하고자 하는 사람에게 어떻게 신뢰
> 를 줄 수 있는지의 방법과 그들의 마음을 어떻게 움직일 수
> 있는지의 방법을 발견해야 한다."(키케로, 『수사학 : 말하기의 규칙
> 과 체계』Partitiones oratoriae p.74)

연설의 목적은 설득(說得)인데 설득은 청중의 신뢰에 근거해야 한다는 원칙을 밝힌다. 키케로는 효과적인 설득을 위해서는 연설 내용의 명백함, 간결함, 즐거움, 비유, 리듬, 새로운 표현, 적절한 사례 등을 비롯해 목소리와 몸짓, 표정 같은 연기(演技) 측면을 강조한다. 키케로는 이 같은 표현 기교는 연설가의 지혜와 성품에 바탕해야 한다는 뜻을 다음과 같이 말한다.

"수사학이란 표현과 내용이 풍부하고 많은 청중을 위해 넓게 말하는 지혜(sapientia)이다. 이 같은 덕목을 지키는 것은 수치심(羞恥心)을 피하고 특히 명예를 추구하고 부끄러움을 아는 마음이다."(p.260)

과학의 레토릭

소피스트 수사학과 아리스토텔레스 이후 서양 수사학의 전개는 기본적으로 말과 글의 표현을 효과적으로 하기 위한 방법이나 원칙에서 벗어나지 않는다. 이 같은 레토릭은 넓은 의미에서 문학의 영역에 포함될 수 있다. 국내에 출판되는 수사학 관련 저서의 저자는 국문학이나 영문학, 불문학을 공부한 학자가 많다.

서양 수사학의 전통적 흐름과 비교해 과학 연구에 활용하는 '과학수사학'(科學修辭學)은 아리스토텔레스식 수사학과 성격이 다르다. 과학수사학은 과학 연구 과정과 결과를 표현할 때 작용하는 수사적 관점을 다룬다. 과학수사학을 위해서는 아리스토텔레스 수사학을 버리고 대신 소피스트 수사학을 적극적으로 활용해야 한다는 주장이 한 가지 특징이다.

과학수사학자 앨런 그로스(A. Gross) 미네소타대학교 수사학 교수는 "아리스토텔레스는 결코 용인하지 않겠지만 과학의 주장들도 설득의 산물"이라며 다음과 같이 말한다.

> "아리스토텔레스는 어떤 정신을 지키고자 수사학의 영역을 그 지식이 자명하게 '설득'의 문제가 되는 그런 광장, 곧 정치적인 것(the political)과 사법적인 것(the judical)으로 제한했다. 과학 텍스트를 수사학으로 분석하고자 한다면 이런 아리스토텔레스의 제한은 벗어던져야 한다. 그리하여 최초의 소피스트 정신이 자유롭게 떠돌게 해야 한다."(앨런 그로스, 『과학의 수사학』 The Rhetoric of Science, p.12)

그로스는 "과학이 탐구하는 원초적 사실이 무엇이든 그것들이 과학 자체, 지식 자체는 아니며 그 자체는 아무런 의미를 지니지 않는다"며 "오직 진술만이 의미를 지니므로 진술의 참에 대해 설득돼야 한다. 문제가 선택되고 결과가 해석되는 과정은 본질적으로 수사학적이다. 설득을 통해서만 중요성과 의미가 구축된다."고 주장한다(p.13). 과학지식도 사회적인 것이며 설득의 결과라는 것이다. 1953년 무명의 두 과학자 왓슨과 크릭이 DNA 구조를 두 가닥의 꼬인 나선형으로 설명하는 과정에도 수사적 설득 방식이 중요한 역할을 했다고 주장한다(4장 DNA 이야기).

그로스의 결론은 과학 연구도 '수사학적 구성물'이라는 것이다. 그래서 그는 "발견되기만을 기다리는 '이미 만들어진 세계'는 존재하지 않는다"며 "과학은 진리의 문제라기보다는 세계 구성의 문제이고, 그 구성은 전통이 인정하는 방법에 크게 의존하는 재구성이다."라고 말한다(p.322).

언어는 중간(中間) 세계

레토릭이나 수사의 문제를 떠나 글과 말을 잘 다듬고 꾸미는 태도와 노력, 그에 따른 실력은 꼭 필요하다. 무슨 말을 하는지 무슨 글을 쓰는지 횡설수설하여 알아듣기 어려우면 일상에서 의사소통은 매우 어려울 것이다.

언어(言語)는 현실을 제대로 보여주지 못하는 불완전한 수단이고 도구이므로 불신(不信)하는 관점이 있다. 본질이나 실상 (實相)을 파악하기 위해서는 불완전한 언어를 떠나고 버려야 한다는 것이다.

이와 반대로 언어가 없으면 생각하는 것도 불가능하므로 언어에 적극적이고 창조적인 역할을 기대하는 관점도 있다. 어떤 입장을 지지하고 주장하는가는 정해진 기준이 있는 것이 아니므로 개인의 취향이나 성향에 따를 수밖에 없을 것이다.

언어를 보는 프레임(인식틀)이 무엇이고 어떠하든 부정할 수 없는 사실은 언어 자체를 삶에서 제거할 수는 없다는 점이다. 언어를 아무리 적대시(敵對視) 하는 주장이라도 그것은 언어를 통하지 않으면 성립되지 않는다. 긍정이든 부정이든 우선 언어로 표현되어야 다음 단계로 나아갈 수 있다.

언어의 의미와 역할에 대한 여러 견해 가운데 '중간세계'(中間世界) 개념이 있다. 언어(말)는 객관적인 사실 자체(그것이 무엇인지는 알 수 없다)를 표현하는 것이 아니고 그렇다고 사람의 주관적인 표상(表象, 마음에 떠오르는 것)도 아닌 중간세계를 형성한다는 관점이다(이규호, 『말의 힘: 언어철학』, p.57).

중간세계라는 관점에 의하면 언어의 애매모호하고 불완전한 성격은 언어의 단점이 아니라 오히려 삶을 창조적으로 가꾸는 언어적 바탕이 된다는 것이다. 이 책의 관점도 중간세계로서 언어관에 따른다. 언어와 분리된 삶은 어둠이고 혼돈이다. 언어를 떠난 삶은 무엇인지 알 수 없다. 언어는 삶을 담아낸다.

언어는 문식(文飾)

상대방을 설득하기 위해서든 효과적인 대화를 위해서든 말과 글을 꾸미며 아름답게 하려는 의도와 방법은 권장할 일이다. 그런데도 레토릭이나 수사에 대한 사전의 풀이는 부정적인 어감을 보인다. '꾸민다' '장식(裝飾)한다'는 표현의 의미가 어딘가 진실 되지 못한 느낌을 주기 때문일 것이다. '꾸미다'를 사전은 '다듬어 보기 좋은 것으로 만들다' 같은 중립적 풀이와 함께 '거짓이나 없는 것을 사실인 것처럼 지어내다' 같은 부정적 의미로 풀이한다(표준국어대사전).

그러나 꾸미지 않은, 장식하지 않는 언어 표현은 어떤 상태인지 알기 어렵다. '꽃'이라는 기호는 꽃이라는 실물이 아니다. 그렇다고 '꽃'이라는 기호로서 언어를 진실 되지 못한 가짜요 왜곡이라고 할 수는 없다. 그와 같은 주장을 이론적으로 할 수는 있지만 일상에서 언어적 소통을 막는다는 점에서는 실질적인 견해가 될 수 없다.

'어떻게 적절하게 꾸미고 장식할 것인가' 하는 문제에 대해 꾸밈과 장식을 처음부터 부정하는 태도나 관점은 일상 현실에서 통하기 어렵다. 화장품으로 얼굴을 꾸미고 머리카락 염색을 하는 꾸밈과 장식을 진실 되지 못한 행위처럼 규정하는 관점을 선택하는 것은 취향일 수 있지만 현실에서는 동떨어지기 쉽다. 살아가는 데 필수적인 의식주(衣食住)도 꾸밈이고 장식이다. 옷이나 신발은 장신구(裝身具)이다. 춤추는 동작은 아름다운 꾸밈이요 장식이고 주먹질은 추한 꾸밈이고 장식이다. 인류가 지금까지 이룬 문명(文明)은 꾸밈이고 장식이고 문식(文飾)이다. 언어는 그 가운데 하나이다.

말과 글은 본질적으로 '언어의 꾸밈이고 장식'이다. 어떻게 꾸밈과 장식을 하느냐가 중요하고 꾸밈이나 장식 자체를 부정할 수는 없다. 장식을 나타내는 '식'(飾)은 대체로 부정적인 의미로 쓰이는데, 꾸며서 속인다는 부정적인 용례가 많다. 식언(飾言, 거짓으로 꾸민 말), 식행(飾行, 행동이 좋게 보이도록 꾸밈), 식교(飾巧, 교묘하게 꾸밈), 식구(飾口, 꾸며서 하는 말), 식비(飾非, 교묘하게 잘못을 숨김), 식사(飾詐, 거짓으로 꾸밈). 가식(假飾, 언행을 거짓으로 꾸밈) 같은 용어가 이를 보여준다.

말(언어)에 대한 관점이 긍정적이든 부정적이든 그에 대한 선택이나 주장은 본질이 될 수 없다. '현실에서 작용하는 말이 어떤 상태인가' 하는 차원이 본질이다. 긍정적인 말은 살려 선용(善用)하고 부정적인 말은 악용(惡用)되지 않도록 조심하면 될 일이다.

대언(大言)과 소언(小言)

말에 대한 용어들이 이 같은 현실을 잘 드러낸다. 긍정적이
고 선(善)한 말을 대인(大人)의 말이라고 하면 이를 나타내는
말, 즉 대언(大言)은 다음과 같다:

정언(正言), 미언(美言), 창언(昌言), 직언(直言), 진언(眞言), 길언
(吉言), 인언(仁言), 신언(愼言), 아언(雅言), 휘언(徽言), 달언(達言),
호언(好言), 지언(至言), 단언(端言), 가언(嘉言), 온언(溫言), 석언
(碩言), 약언(藥言), 난언(蘭言), 법언(法言), 양언(良言).

부정적이고 추(醜)한 말을 소인(小人)의 말이라고 하면 이를
나타내는 말, 즉 소언(小言)은 다음과 같다:

교언(巧言), 망언(妄言), 광언(狂言), 악언(惡言), 추언(醜言), 허언
(虛言), 부언(浮言), 식언(食言), 측언(側言), 폭언(暴言), 공언(空言),
과언(誇言), 무언(誣言), 진언(陳言), 참언(讒言), 궤언(詭言), 훼언
(毁言), 편언(偏言), 독언(毒言), 감언(甘言), 말언(末言), 모언(侮言),
와언(訛言), 유언(流言), 치언(癡言), 췌언(贅言), 화언(禍言), 난언
(亂言), 위언(僞言), 분토언(糞土言), 매언(罵言), 후언(後言), 낭언
(浪言), 척언(斥言), 도언(盜言), 도언(徒言), 비언(鄙言).

청중 연설이든 일상 대화든 혼자 하는 독백이든 소언(小言, 좁고 피상적인 말)을 쓰면 소인의 사람됨이다. 대언(大言, 넓고 깊은 말)을 쓰면 대인의 사람됨이다. 서양 레토릭의 뿌리인 아리스토텔레스와 키케로 경우, 기본적으로 여러 청중을 대상으로 하는 설득의 방법과 기술에 관한 논의이다. 즉 '다른 사람을 향한' 언어이다. 연설과 연기를 레토릭의 핵심 내용으로 다루는 점을 보더라도 그렇다. 여기서 '연'(演)은 '물이 멀리 흘러 스며든다'는 뜻이다. 서양 레토릭의 전통은 아리스토텔레스 이후 청중 설득보다는 문장의 표현술 등으로 변형되는 과정이 있지만 기본적으로 아리스토텔레스의 레토릭 틀에서 벗어나는 것은 아니다.

청중을 향한 연설이 어떤 방식으로 이뤄지든지 그 언어가 대언(大言)이면 좋은 것이고 소언(小言)이면 나쁜 것이다. 레토릭 자체가 대소(大小)나 선악(善惡), 미추(美醜)를 가진 것은 아니다. 그런데도 레토릭 자체에 대해 부정적인 인식과 이미지가 두드러지는 이유는 히틀러의 경우처럼, 사람들을 속이려고 하거나 알맹이 없는 빈말이 일상이나 세상에 더 많기 때문일 것이다.

수신(修身)을 위한 수사(修辭)

'수사'(修辭)라는 말은 19세기 일본 학자들이 '레토릭'을 번역한 말이다. 철학(哲學), 과학(科學), 예술(藝術), 논리(論理) 등 지금 우리나라에서 널리 쓰고 있는 용어들이 당시 일본에서 만들어졌다. 인공(人工)이나 인공지능(人工知能), 교양(教養), 기업(企業), 언론(言論) 등 많은 용어가 일본에서 만들어져 들어왔다(이한섭, 『일본에서 들어온 우리말 어휘 5800』 참고). 일본의 학자들이 어려운 과정을 거쳐 만든 용어들을 들여와 그대로 쓰고 있는 것은 언어주권(言語主權) 차원에서 돌아볼 점이 있다.

수사와 관련해서 우선 살펴야 할 측면은 '수사'라는 용어를 일본 학자들이 단순히 조어(造語)한 것인지 아니면 동양의 어떤 고전(古典) 문헌에서 따온 것인지 확인하는 것이다. '말과 글을 잘 다듬어 표현하는 방법이나 기술'이라는 의미를 담기 위해서라면 '수사'(修辭) 또는 '미사'(美辭), '문사'(文辭), '식사'(飾辭)처럼 일반적인 의미를 활용하여 얼마든지 용어를 만들 수 있기 때문이다.

우리나라 학자들의 연구는 대체로 '수사'의 번역 근거로 『주역』(周易)을 꼽는다. 『주역』의 64괘(卦) 중에서 첫째인 '건괘'(乾卦)를 풀이하는 '문언'(文言)에 있는 '수사입기성'(修辭立其誠)에서 가져온 용어라는 주장이다. 『경전의 수사학』(유민정), 『공자의 수사학』(안성재), 『노자의 수사학』(안성재), 「수사의 어원과 그 의미의 변천 과정」(이승훈), 「현대중국수사학의 수사 이론」(이승훈), 「고대중국수사학의 설득에 관한 연구」(이승훈) 등 저서와 논문에서 이 같은 견해를 보인다.

'수사입기성'을 레토릭에 대한 번역의 근거라고 주장하기 위해서는 일본 학자들의 번역 과정에 대한 구체적인 내용 확인이 필요한데 이에 관한 내용이 없는 점은 아쉬운 부분이다. 국내 연구는 대체로 '수사라는 용어는 19세기 일본에서 만들어졌고, 이는 주역의 수사입기성에서 따온 것이다.'라는 것이다. 이 같은 주장을 하기 위해서는 수사입기성에서 수사를 레토릭의 번역어로 삼았다는 19세기 일본 학자들의 설명을 보여주어야 할 것이다.

이런 사정은 '철학'(哲學)이라는 용어가 생긴 과정과 비슷하다. 철학은 '필로소피'(Philosophy)의 번역어인데 '필로소피'는 '지혜 사랑(사모)'의 뜻이다. 그렇다면 필로소피는 '애지학'(愛智學)이나 '지혜학'(智慧學)으로 번역할 수 있는데도 '철학'으로 번역했다. '철'(哲)은 '지혜롭다' '이치에 밝다'는 뜻이므로 '철학'이라고 하면 '애지학'이나 '지혜학'에 비해 간결하고 함축적이다. '哲'이라는 글자는 동양에서 가장 오래된 문헌에 속하는 『시경』과 『서경』에 '철인'(哲人), '철왕'(哲王), '철부'(哲夫), '철부'(哲婦), '명철

보신'(明哲保身) 같은 용례가 있다. '철학'을 조어할 때 이 같은 용어들을 참고하여 그 의미를 담으려고 했는지는 확인하기 어렵다. '哲'의 일반적인 의미를 필로소피에 대한 번역어로 삼았을 것이다.

수사가 '수사입기성'에서 따온 용어인지는 확정할 수 없다고 하더라도 레토릭과 구별되는 수사의 동양철학적 의미를 살펴보는 데는 가치가 있다.

수사입기성은 수사의 출처로 간주하는 데 중요성이 있는 게 아니다. 건괘 문언의 관련 내용 전체(한자 67자)를 살펴보고 그 맥락에서 수사의 뜻을 확인할 필요가 있다. 전체 내용은 다음과 같다.

"이것은 군자가 행동을 바르게 하는 데 힘쓰고(進德, 진덕) 맡은 일을 잘 하도록 하고(修業, 수업), 중심을 잡고 사람들의 신뢰를 받아야(忠信) 행동을 바르게 하는 데 힘쓸 수 있다(進德).

마음에서 우러나오는 말을 깨끗하고 가지런하게 하여(修辭, 수사) 정성스러움을 분명하게 세우면(立其誠, 입기성) 맡은 일을 잘 처리할 수 있다(居業, 거업).

적절한 상태가 무엇인지 알기 때문에 상황의 미묘한 움직임을 파악할 수 있다. 마무리하여 완성하는 상태가 무엇인지 알기 때문에 사람들과 함께 의로움을 지킬 수 있다.

이렇게 함으로써 다른 사람보다 윗자리에 있어도 오만하지 않게 된다. 다른 사람보다 아랫자리에 있더라도 막연하게 걱정하지 않는다. 따라서 걱정할 상황이 생겨 불안하더라도 일이 잘못되지는 않는다."

수업(修業)을 위한 수사(修辭)

이 내용은 군자(君子)의 언행과 태도가 어떠해야 굳세어 당당할 수 있는지를 공자의 말로 표현되어 있다. 여기서 군자는 신분적으로 또는 계급적으로 상급자가 아니라 '바람직한 인격자'의 뜻이 강하다. 공자는 『논어』에서 군자의 사람됨을 매우 강조하는데 대부분 인격적 의미로 쓴다. '대인'(大人)의 뜻이다.

전체 내용에서 주목할 점은 '수사'(修辭)보다는 '수업'(修業)이 먼저 나온다는 것이다. '수사입기성'은 그 자체가 목적이 아니라 '진덕 수업'(進德修業)에 필요한 태도와 노력이라고 할 수 있다. 이는 동양의 수사가 서양의 레토릭과 본질적으로 구별되는 기준이 될 수 있다.

진덕수업, 즉 행동을 바르게 하는 데 힘쓰고 자신의 맡은 직무를 잘 하도록 하는데 '수사'는 그 방법이나 수단이 된다는 맥락이다.

여기에 쓰인 '사'(辭)는 레토릭에서 말하는 청중을 위한 연설문에 쓰는 것 같은 종류의 말이 아니다. 공정(公正)하게 판단해서 말하는 자기 자신의 마음가짐이 일차적이다. 레토릭이 '다른 사람을 향한 말(언어)'이라면 수사의 말은 '자기 자신을 향한 말'이다.

『설문해자』는 '辭'를 '訟'(송)으로 풀이한다. '訟'은 '言'(언)과 '公'(공)으로 구성된 글자인데 재판이나 분쟁, 다툼 등에서 공정한 판단을 하는 말이다. 겉으로 표현되는 말 이전에 '공정함'이라는 내면적(內面的) 태도가 우선이다. 이는 바람직한 인격자로서 군자가 직무(業, 업)를 수행하는 데 요청되는 윤리적 당위(마땅함)이다.

말(언어)은 개인과 공동체의 삶에서 매우 중요하므로 함부로 아무렇게나 해서는 안 된다는 대의(大義, 큰 도리)가 들어 있다. 이는 언어에 대한 부정이 아니다. 공자에게서 이 같은 관점은 분명하게 드러난다. "말(언어)을 모르면 사람도 알 수 없다."(『논어』 마지막 구절). 말이 곧 그 사람이라고 할 수 있을 정도로 중요하다는 의미다. 『논어』에 기록된 공자의 말 중에서 "나는 교묘하게 말을 꾸미는 사람을 부끄럽게 여긴다."(공야장), "말을 실속 없이 함부로 하면서도 부끄러워하지 않으면 말한 내용을 제대로 실천할 수 없다."(헌문), "인격이 높은 사람(:군자)은 말이 행동보다 넘치는 태도를 부끄러워한다."(헌문), "교묘하게 꾸미는 말은 삶의 질서를 어지럽힌다."(위령공) 같은 구절은 신중(愼重)해야 하는 말의 책임 있는 차원을 가리킨다.

'修'(수)는 '깨끗이 청소하여 가지런하게 하다'라는 뜻이다. 글자에 들어 있는 '彡'(삼, 몸에 난 긴 털)이 털을 가지런히 다듬은 모양을 나타낸다. 여기서 '바르게 배우고 익혀 품성을 기른다' 같은 의미가 생긴다. 수기(修己), 수덕(修德), 수도(修道), 수련(修練, 修鍊), 수선(修善), 수성(修性), 수신(修身), 수심(修心), 수정(修正), 수학(修學) 같은 긍정적인 의미로 쓰인다.

용례 중 '수식'(修飾)이 있다. 수식을 사전은 '겉모양을 꾸밈' '문장의 표현을 화려하게, 또는 기교 있게 꾸밈'으로 풀이한다(표준국어대사전). '修'와 결합하는 용어 중에서 유일하게 부정적인 의미로 일상에서 쓰인다. 이는 '식'에 대한 피상적인 이해에서 비롯될 것이다.

『설문해자』는 '修'를 '飾'과 같은 뜻으로 풀이한다. 또 '飾'은 '㕛'(쇄)로 풀이하는데, 깨끗하게 청소한다는 의미다. '刷'(쇄)와 같은 글자이다. 종이 등에 인쇄(印刷)하는 의미로 많이 쓰인다. 옛날에 목판에 인쇄를 하기 위해서는 먼저 깨끗하게 청소를 해야 하는데, 목판 인쇄는 매우 중요한 기록 행위였다. 두 글자에는 시신(시체)를을 나타내는 '尸'(시)와 수건을 나타내는 '巾'(건)이 들어 있다. 시신을 깨끗하게 닦는 엄숙한 행위라는 뜻을 나타낸다. 일상에서 종종 쓰는 '가식'(假飾, 언행을 거짓으로 꾸밈)이나 '장식'(裝飾, 액세서리 따위로 꾸밈) 같은 용어 때문에 '식'의 의미가 좁아지고 가벼워진 측면이 있다.

수사(修辭)는 윤리(倫理)

매스미디어 뉴스와 광고의 헤드라인은 효과적인 표현을 위해 간결한 압축을 비롯해 흥미, 분위기, 암시, 리듬, 유머, 자극, 상징, 비유, 설득, 각인, 낙인, 부각, 신조어 등 주목(注目)과 흥미(興味)를 위한 유인어(誘引語)가 많이 쓰인다.

레토릭에 비해 동양의 수사는 표현의 기교나 테크닉이 일차적인 목적이 아니다. 엄밀히 말하면 '수사적 기교' 같은 표현은 성립될 수 없다. 수사가 레토릭의 번역어로 굳어져 있고 그 의미도 말과 글의 표현을 수단적으로 꾸민다는 것으로 좁아져 있지만 수사의 본질적 의미는 바람직한 인격의 차원에 닿아 있다는 차이를 밝혀 둘 필요는 있다. '수사'는 언어 표현의 문제를 넘어 철학과 윤리의 문제이기도 하다.

4장

공자 "일언이폐지, 사무사(思無邪)"는 헤드라인의 본보기다

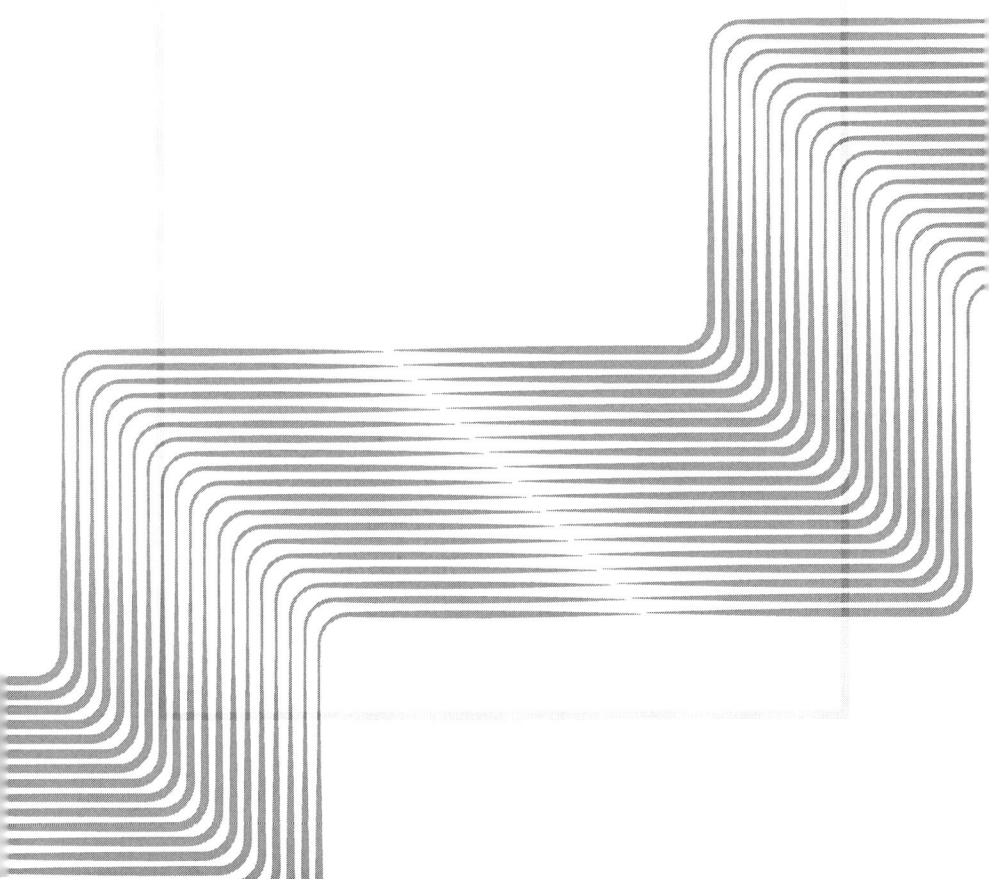

헤드라인을 매스미디어 뉴스와 광고의 압축이라는 좁은 틀에서 벗어나 '삶의 요약'이라는 차원을 열기 위해서는 본보기 또는 기준이 필요하다. 서둘러 작성한 헤드라인을 조금이라도 빨리 포털 사이트의 '헤드라인 뉴스'에 올려야 하는 사정이 불가피하더라도 헤드라인의 깊은 차원에 대한 인식과 기대는 필요하다.

　이 책에서는 그와 같은 헤드라인의 본보기를 공자(孔子)가 말한 "일언이폐지 사무사"라는 여덟 글자에서 찾으려고 한다. 뉴스 헤드라인이 대체로 부분적(部分的)이고 피상적(皮相的)이라면 이 본보기는 전체적(全體的)이고 본질적(本質的)이다. 『논어』 「위정」 편에 기록된 원문은 "자왈, 시삼백, 일언이폐지, 왈, 사무사."(子曰, 詩三百, 一言以蔽之, 曰, 思無邪.)이다. 여기서 중심어는 '일언이폐지 사무사'이므로 이를 사무사 여덟 글자로 표현하기로 한다.

논어 500구절은 헤드라인 묶음

'사무사'가 기록된 『논어』(論語, *The Analects of Confucius*)라는 문헌은 헤드라인 관점에서 살펴볼 필요가 있다. 내용과 별개로 표현의 형식에서 매우 특이하기 때문이다. 『논어』 500구절은 헤드라인 모음집이라고 할 수 있다. 이는 얼핏 이해하기 어렵고 동시에 놀라운 일이다.

지금 보는 책 형태의 『논어』(학이~요왈 20편)는 공자가 죽고 나서 300년쯤 지나 확정돼 세상에 공식적으로 확산됐다. 그 전에는 '논어'라는 책 이름도 없이 임시로 편집된 상태에서 흩어져 있었다.

공자는 살아 있을 때 규모가 큰 학단(學團, 교육공동체)을 형성했다. 공식적으로 확인되는 뛰어난 제자는 안회, 자로, 자공, 자하, 증삼 등 70여 명이고 학단에서 공부한 학생은 수천 명이었다. 사마천은 『사기』(史記)에서 공자에게 배운 제자 중에 뛰어난 사람은 77명(七十有七人)이라고 한다(「중니제자열전」 첫 구절).

이 같은 모습은 '자'(子, 큰 스승)라는 존칭이 붙은 관자, 노자, 묵자, 맹자, 순자, 장자, 한비자 등 춘추전국시대 사상가들과는 사정이 매우 다르다. 공자를 제외하고 학단을 형성하여 체계적인 교육 활동을 한 경우는 없다. 이는 공자가 살아 있을 때 학자로서 매우 큰 영향력을 가졌다는 것을 보여준다. 지금까지도 동양 사회를 중심으로 인문 분야 경전(經典)의 뿌리로 평가되는 『시경』『서경(상서)』『역경(주역)』『예기』『춘추』 같은 문헌이 공자가 정리한 덕분에 전승되는 점을 보더라도 그는 교육과 문물 계승에 큰 역할을 했다.

공자 같은 거목(巨木)이 죽으면 추모 사업이 대대적으로 열리고, 삶과 사상을 정리하고 편찬하는 사업은 중심이 될 것이다. 그것도 가능한 한 이른 시간 안에 방대한 규모로 편찬해서 세상에 널리 알리려고 했을 것이다. 제자 중에 자공(단목사)은 재산이 많아 공자 학단을 경제적으로 많이 지원했고, 공자가 죽은 후 6년이나 무덤 옆에 움막을 짓고 시묘(侍墓)를 했을 정도로 학단의 중심인물이었다.

자공 같은 제자라면 공자에 대한 추모 사업으로 전집 편찬 같은 일을 주도했을 법한데도 그런 일은 생기지 않았다. 만약 공자가 죽은 다음 제자들이 공자의 삶과 사상을 기록하고 정리하는 작업을 했더라면 그 분량은 사마천의 『사기』 58만 자(字)보다 훨씬 많은 수백만 자 분량은 됐을 것이다.

그런데 어찌된 사정인지 공자의 삶과 사상이 담긴 『논어』는 죽고 나서 수백 년이 지나 1만 6,000자 분량의 작은 책 형태로 세상에 나왔다. 책으로 나오기까지 편집 기간이 수백 년이다 보니 『논어』에는 "공자가 말했다"(子曰, 孔子曰)라고는 하지만 실제로 공자가 말했는지 의심스러운 내용도 적지 않다. 지금으로서는 그 내용을 그대로 받아들일 수밖에 없고 공자의 삶과 사상을 살필 수 있는 가장 확실하고 중요한 문헌으로 인정할 수밖에 없다.

이런 『논어』에서 놀라운 점은 어떻게 해서 짤막한 구절로 내용을 엮었을까 하는 의문이다. 조금이라도 더 내용에 살을 보태 두툼하게 만들고 싶은 욕심이 편집자들에게 있었을 텐데도 현실은 정반대다.

그 구체적인 사정은 확인할 방법이 없으니 짐작이라도 해볼 필요가 있다. 『논어』 500구절을 헤드라인 묶음이라는 관점을 뒷받침하기 위해서라도 그렇다.

공자가 『시경』(詩經)과 『서경』(書經) 등 많은 문헌을 다듬고 정리하면서 교육에도 왕성하게 활동한 시기는 고국 노나라를 떠나 14년이라는 긴 방랑을 끝내고 돌아온 69세부터 73세로 죽을 때까지 5년 정도였다.

노년기에 공자가 보여준 삶의 왕성함은 두 가지 측면에서 가능했을 것이다. 하나는 신체 조건이다. 그의 14년 방랑(55~69세)은 천하주유(天下周遊)가 아니라 죽을 고생을 한 고난의 과정이다. 현실 정치에 참여하고 싶은 간절한 소망은 끝내 이뤄지지 못하고 어쩔 수 없이 귀국했다면 기력이 떨어지고 병들어 시들시들하다가 그저 늙어 갔었을 수 있다.

그런데도 공자가 인생의 말년에 가장 빛나는 시절을 보낼 수 있었던 기반은 2미터가 넘는 큰 몸집에 있다. 공자의 신체에 대한 이야기가 『사기』「공자세가」에 나온다. 공자는 키가 9척 6촌 정도로 커 사람들이 키다리(長人)라고 하면서 특이하게 여겼다는 것이다. 척(尺)은 30센티미터 가량인데 당시 길이 기준을 융통성 있게 적용하면 2미터에서 2미터 50센티미터 중간쯤이라고 할 수 있을 것이다. 큰 덩치에서 나오는 정열적 에너지가 부족하면 늘그막에 개인적 학문이 아니라 덩치만큼 큰 학단을 꾸려 나가기 어려울 것이다. 이런 신체적 특징을 소홀히 여길 수 없다.

공자의 헤드라인 감각

다른 하나는 문자(文字)를 다루는 그의 언어 실력이다. 언어 감각이 뛰어나지 못했다면 70세 전후 나이에 많은 문헌을 다듬고 정리하는 작업은 불가능했을 것이다. 컴퓨터가 없는 시대에 방대한 문헌 정리를 하는 것은 어지간한 역량으로는 어렵다. 문헌 정리를 '산정'(删定)이라고 하는데, 쓸데없는 글자나 구절을 깎아내고 다듬어 잘 정리한다는 뜻이다. 문자를 다루는 실력과 언어 감각이 뛰어나야 짧은 시간에 해낼 수 있다.

이런 점으로 미뤄 공자가 평소 제자들과 나누는 대화에도 핵심을 군더더기 없이 말하는 헤드라인 스타일이 많았을 것으로 추측된다. 그 적절한 근거를 『논어』 「위령공」에 기록된 다음과 같은 구절에서 볼 수 있다.

> 자공 : 평생토록 지키고 실천해야 할 '한 마디'가 있겠습니까?
>
> 공자 : '서'(恕)라는 한 마디 아닐까. 자기가 하고 싶지 않은 것은 다른 사람에게도 베풀지 않는다.

자공은 『논어』에 38회 나올 정도로 공자와 대화를 많이 한 제자이다. 공자는 자공이 언어를 다루는 솜씨가 뛰어나다고 칭찬했다(言語, 子貢. 「선진」).

자공은 스승에게 "평생 가슴에 품고 실천해야 할 덕목이 있으면 자세히 설명해 주십시오."라고 묻지 않았다. 자공에게는 매우 중요한 질문이었을 텐데 '한 마디'(一言)만 요청했다. 안회 같은 다른 제자였다면 "한 마디로 해 달라."는 단서나 조건을 달아서 스승에게 질문하기는 어려웠을 것이다. 자공의 질문 방식은 공자가 평소 말하는 간결한 스타일에 맞춰 던진 질문이었을 것이다. 자공의 뛰어난 언어 감각이 느껴진다.

'恕'(서)는 '如'(같게 할 여)와 '心'(마음 심)을 합한 글자로 '마음을 같게 한다'는 뜻이다. 자기 자신이나 다른 사람에 대해 마음가짐이 흐트러지지 않고 가지런하다는 것이다. 『설문해자』는 '인'(仁)과 같은 뜻으로 풀이한다. '仁'은 '친'(親)으로 풀이하는데, '친밀하여 서로 관계가 좋다'는 뜻이다. 따라서 '恕'는 '바람직한 사람다움'을 나타낸다고 할 수 있다.

이런 사정을 헤아려 보면 『논어』가 왜 헤드라인 묶음처럼 간결한 500구절로 짜였는지에 대한 실마리를 찾아볼 수 있다. 『논어』가 오랜 세월 동안 여러 사람들이 관여해서 구성됐지만 공자의 간결한 말투(말본새)의 특징은 보존되어 『논어』로 확정되기까지 면면히 흐르고 있었다고 볼 수 있다. 그렇게 하는 것이 공자 삶의 방식에 가깝다는 어떤 공감대가 책의 편집 철학으로 오래도록 끊이지 않고 작용했을 것이다.

시삼백은 공자학단의 중심 교재

'일언이폐지 사무사'도 이와 같은 맥락에서 살피는 것이 적절할 것이다.

『시경』은 공자 시대에는 '시'(詩) 또는 '시삼백'(詩三百)으로 불렸다. 지금 기준에서 보면 대중적 인식이 낮지만 춘추전국시대에는 권위가 매우 높았다. 당시 대부분의 문헌에는 어떤 주장을 하고 그 근거를 밝힐 때 "그러므로 시(詩)에도 이렇게 말한다." 는 '시왈'(詩曰) 또는 '시운'(詩云)이라는 표현이 매우 많다. 지금 시대에 일상 대화나 미디어 칼럼 등에서 어떤 주장을 하고 그 것의 타당성을 강조할 때 공자와 『논어』를 언급하며 연결하는 모습과 비슷하다.

『논어』에는 시(시경)에 관한 내용이 15곳 나온다. 공자는 당 시 여러 나라에서 불리어지던 시 수천 편 중에서 중요하다고 판단한 300여 편을 다듬어 정리하는 데 중심 역할을 했다. 그 런 만큼 『논어』에 기록되어 있는 시 관련 내용은 다른 문헌에 많이 나오는 '시왈'이나 '시운'과는 차원이 다르다.

공자는 학단에서 시 공부를 중시하면서 학생들에게 적극 권 장하고 제자가 적중(的中)하는 말을 하면 "비로소 자네와 시를 이야기할 수 있게 되었다"(始可與言詩已矣. 「학이」에서 자공에게, 「팔 일」에서 자하에게)고 하는데, 이는 수준이 가장 높은 칭찬이다. 아들 백어가 시삼백의 기본조차 공부하지 않자 크게 꾸중하는 모습도 기록되어 있다(「양화」). 공자 시대에는 『시경』이라고 부르 지 않고 '시' 또는 '시삼백'라고 했는데 이 책에서는 필요한 경우 공자의 표현대로 '시삼백'(詩三百)으로 쓴다. '시경'이라는 말은 공 자와 관련이 없다. 문헌에 '경'(經)이라는 높임말을 붙이는 방식 은 공자가 죽고 400년가량 지난 한대(漢代)의 일이다.

시삼백의 한 구절이 '일언이폐지 사무사'(一言以蔽之 思無邪)이
다. 이 말은 시의 어떤 내용을 단편적으로 인용하는 것과는 성
격이 전혀 다르다. 공자만이 할 수 있는 특별한 의미가 들어
있다.

공자가 시삼백을 편찬하기 전에는 수천 편의 시가 정리되지
않은 채 노래 가사(歌詞, 노랫말)로 불리어지고 있었다. 그것을
311편으로 계통을 세워 정리했으므로 공자는 지금 전해지는
『시경』의 편저자(編著者)이다. 공자가 시삼백 편찬의 전 과정을
도맡아 했다기보다는 이미 모여 있는 많은 시들을 정리하는 중
심 역할을 했다고 말하는 것이 정확할 것이다.

'일언폐'(一言蔽)는 헤드라인의 본질과 관련해서 중요하다. 이 책
을 관통하는 관심인 헤드라인의 전체적이고 포괄적인 차원을 열
어주는 의미가 압축되어 있기 때문이다. 기본 의미는 '한 마디로
감싸 묶으면'이다. '폐일언'으로도 변형하여 쓴다.

'蔽'(폐)의 기본적 의미는 '천(옷감)으로 덮는다'는 뜻이다. 여기
서 '포괄하다, 개괄하다, 총괄하다'의 뜻이 나온다. 모두 '한데
모아 묶는다'는 일괄(一括)의 뜻이다. '괄'(括)은 여러 가지 개별적
인 것을 보자기 같은 천에 담아서 묶는다는 의미다.

시삼백은 311편(6편은 제목만 있으므로 실제는 305편)에 1,140여
개의 행(行)으로 된, 한자 3만 3,000자로 된 방대한 문헌이다.
내용도 민요에서 종묘제례악까지 다양하고 복잡하다.

'사무사'는 시 공부를 위한 유인어

이 같은 시삼백의 내용을 한 마디로 감싸고 묶어서 압축하는 것은 가능할까? 공자는 그것을 시도했고 '사무사'라는 한 마디를 제시한다. 시삼백을 이렇게 폐일언한 사람은 공자뿐이다. 시삼백을 실질적으로 정리한 주인공으로서 전체 내용을 꿰뚫어 깊이 음미하는 증류(蒸溜, distillation)의 결정체(結晶體)이다.

공자는 왜 시삼백을 한 마디로 요약할 필요를 느꼈을까?

시는 공자가 매우 중요하게 여긴 내용이고 시삼백이라는 시 묶음은 학단의 핵심 교재였다. 이는 시의 내용이 사람의 성정(性情)을 잘 드러낸다고 보았기 때문일 것이다. 학생들이 이런 시에 정통(精通, 깊고 자세히 앎)하기를 바라는 마음이 강했을 것이다. 그런데 공자의 뜻과는 달리 학생들은 시 공부에 그다지 성의를 보이지 않은 것 같다. 다음과 같이 공자가 학생들을 타이르는 말에서 그것을 엿볼 수 있다.

"자네들은 왜 시 공부에 소홀한가. 시는 사람의 감성을 북돋우고 사물을 바르게 살필 수 있게 해준다. 사람들과 즐겁게 어울리도록 하는 데도 도움이 된다. 세상일을 풍자하여 감정을 순화할 수도 있다. 좁게는 부모를 섬기는 도리를 알게 하고 넓게는 나라에 대한 정성스러운 도리를 알게 한다. 시에는 많은 동물과 식물의 이름이 나오므로 그것을 아는데도 유익하다." *(『논어』 「양화」)*

이렇게 당부한다고 해서 학단의 많은 학생들 사이에 시 공부 분위기가 크게 일어나지는 않았을 것이다. 지금도 『시경』을 읽으면 내용이 너무 많고 복잡하며 어렵게 느껴지는 구절이 적지 않다. 당시 학단의 학생들도 이 같은 심정이었을 것이다. 시의 중요성은 알겠지만 몰입하는 공부는 적잖은 부담이 됐을 수 있다. 학단을 구성한 학생들의 나이와 출신 배경, 지적(知的) 수준도 천차만별이었다.

이런 상황을 고민한 공자는 학생들이 시 공부를 즐길 수 있는 어떤 장치를 마련할 필요를 느꼈을 것이다. 다그치고 몰아붙여서 될 일이 아니기 때문이다. 시는 기본적으로 사람의 성정(性情)을 가꾸기 위한 공부인데 강요하고 강압하는 방식은 시 공부에 어긋난다.

앞에서 언급한 것처럼, 자공이 공자에게 "평생토록 지키고 실천할 한 마디는 무엇입니까?" 하는 부분에서 실마리를 찾을 수 있다. 시삼백을 하나로 꿰뚫는 본질, 핵심, 알짬, 고갱이를 보여주면 학생들이 시 공부에 적극적으로 관심을 갖게 하는 유인어(誘引語), 유도어(誘導語)가 될 것으로 기대했을 것이다.

그러니까 '일언이폐지 사무사'는 공자 자신의 혼잣말이 아니라 학생들에게 틈만 나면 던진 키워드였을 것이다. 스승이 "시삼백의 핵심은 사무사 한 마디일 뿐!" "시삼백을 하나로 꿰뚫는 한 마디는 사무사!" 같은 표현을 입버릇처럼 하면 시에 관심 없던 학생들도 호기심이 발동할 것으로 기대했을 것이다.

'간결한 하나(一)'는 공자가 즐긴 표현 스타일로 보인다. 학생들에게 한 다음과 같은 말에서 그것을 느낄 수 있다.

"내가 추구하는 삶의 길은 하나로 관통한다."(吾道, 一以貫之. 오도, 일이관지. 『논어』「이인」)

"내가 하는 공부는 한 가지 원칙으로 관통한다."(予, 一以貫之. 여, 일이관지. 『논어』「위령공」)

'사무사'는 시삼백의 실마리

'사무사'는 시삼백을 꿰뚫어 본질을 담아내는 헤드라인으로 적절할까?

우선 '사무사'(思無邪)에 대한 우리말 번역은 대부분 "생각에 사악함이 없다."이다. '思'는 '생각할 사'로, '無'는 '없을 무'로, '邪'는 '사악할(사특할) 사'로 단조롭게 풀이한다. '邪'의 기본 의미는

'바르지 않아 나쁘다'이다. '牙'(어금니 또는 송곳니 아)가 뜻을 나타낸다. 『설문해자』는 '수컷 짐승의 이빨'(牡齒, 모치)이라고 풀이한다. 동물의 날카로운 이빨이라는 뜻에서 '곧지 않은, 바르지 않은' 같은 부정적 의미가 나온 것으로 보인다.

리쩌허우(李澤厚)는 '불허가'(不虛假), 즉 '공허한 거짓이 없다'로 풀이한다. 그는 이에 대해 "사(思)는 어조사이므로 생각(思想)으로 옮기지 않는다. 사(邪)도 사악(邪惡)의 뜻으로 번역하지 않는다."고 간단히 설명하고 있다.(李澤厚, 『論語今讀』, p.49)

사무사에서 '思'를 '생각 사'로 읽어 그 뜻을 취할 것인지 아니면 구체적인 뜻이 없는 어조사(語助辭)로 보고 번역하지 않을 것인지에 대해서는 명확한 기준이나 근거는 없다.

'思'를 '생각하다'라는 동사로 볼 경우, 생각뿐 아니라 '심정'(心情)이나 '의지', '마음'의 뜻도 포함된다. 어조사로 보면 아무런 뜻이 없다. 이 책에서는 어조사로 보고 번역하지 않는다. 시삼백에 나오는 '思'는 대체로 어조사로 쓰이는데다 사무사 또한 어조사로 쓰인 시삼백의 내용에서 가져온 것으로 보기 때문이다.

사무사를 우리말로 "생각에 사악함이 없다."처럼 번역할 경우, '사'를 어떻게 볼 것인가 하는 문제와는 별개로, 표현의 분위기가 적절하지 못한 측면이 있다. '일언이폐지 사무사'는 공자의 혼잣말이 아니고 그렇다고 시삼백의 줄거리를 연구한 결과도 아닌, 학단 학생들을 위한 공부 독려용 표현이라면 그 상황을 살려낼 필요가 있다.

복잡한 내용을 압축하고 거듭 압축하여 한 마디로 나타낸다고 해서 저절로 학습 효과가 나타난다는 보장은 없다. 당부나 독려를 위한 한 마디가 너무 엄격하고 무거우면 학생들의 마음이 오히려 달아날 수도 있다. '사악(邪惡)하다' '사특(邪慝)하다' '간사(奸邪)하다' '요사(妖邪)스럽다' 같은 표현이 그렇다. 스승 공자가 시 공부를 강조하기 위해 이런 표현을 자주하면서 자극하면 학생들은 시삼백에 오히려 선뜻 다가가기 어려울 것이다. 시 공부의 목적 가운데 하나인 감정을 북돋우는 데 실패할 가능성이 높아질 수 있다.

『논어』에 기록된 공자의 말투는 딱딱한 문어체가 아니라 일상의 입말(구어체)로 느껴지는 내용이 많다. 사무사에 대해서도 학생들이 편안한 심정으로 음미할 수 있도록 안내하는 말투였을 것이다. 예를 들어,

"시삼백은, 그러니까 별 게 아니고, 두 마디도 필요 없어, 그냥 순수하다는 거야."

이 같은 표현이 학생들을 격려하고 독려하는 공자의 말투에 가까울 것이다. 이렇게 하면 학생들이 시삼백에 자발적인 관심을 보일 수 있다. 문자의 직접적인 뜻을 넘어 상황과 분위기도

번역에 녹여야 의미가 더 잘 통할 수 있다.

학기[學記]의 통찰

공자가 정리한 문헌의 하나인 『예기』(禮記)의 내용에 교육철학을 다룬 「학기」(學記)가 있다. '교학상장'(敎學相長, 가르치고 배우는 과정은 스승과 제자, 교사와 학생이 서로 노력하면서 서로를 성장하도록 도움)의 차원을 제시하면서 바람직한 교육 현장의 본보기를 추구한다.

「학기」는 당시 학교 교육의 문제에 대해 "학생들이 정서적으로 안정된 상태에서 이해하도록 하는 데는 관심이 부족하다. 학생들이 공부를 좋아하도록 이끌어 주지도 못한다. 학생들이 개성을 발휘하는 환경을 만들지도 못한다. 이렇다 보니 학생들은 공부하는 것을 고통으로 여기면서 교사(스승)를 싫어한다. 공부를 하면 어떤 이로움이 있는지도 모르게 된다."고 지적한다.

이 같은 상태를 개선하기 위해 「학기」는 다음과 같이 제안한다.

"학생들에게 공부를 위한 큰 방향을 보여주되 억지로 끌고 가려고 해서는 안 된다. 공부에 활력이 생기도록 학생들을 억누르지 않는다. 공부하는 내용을 깨우치도록 학생들의 마음을 열어주되 빨리 숙달되도록 조급하게 몰아붙이지 않는다. 학생들이 차분한 마음가짐으로 편안하게 공부하는 분위기를 조성해야 비로소 주체적이고 자발적으로 생각하면서 공부에 흥미를 가지는 교육이 될 수 있다."

이 같은 이야기는 2,500년 전이나 지금이나 사람 교육에 본질적으로 요청되는 벼리라고 할 것이다. 공자는 섬세한 배려와 정서적 공감이 필요한 교육의 이 같은 특성을 잘 알고 학단에 스며들게 했을 것이다.

사무사 = 순수함

이런 점을 고려해서 이 책에서는 '사무사' 구절을 다음과 같이 옮긴다.

"시삼백을 한 마디로 요약하면 순수하다는 것이다."

시삼백의 '송'(頌, 나라에서 제사 지낼 때 연주하고 부르는 종묘제례악) 중에서 '노송'(魯頌, 공자의 고국인 노나라의 종묘제례악) 편의 첫 번째 시가 '경'(駉, 살찌고 튼튼한 말의 모습)이다. 준마(駿馬)들이 달리는 모습이 네 구절로 묘사되어 있다. 구절 끝에 후렴처럼 되풀이되는 내용은 다음과 같다.

'한없이 말이 훌륭하네.'

(思無疆, 思馬斯臧. 사무강, 사마사장.)

'한없이 재주가 뛰어나네.'

(思無期, 思馬斯才. 사무기, 사마사재.)

'실증내지 않고 달려가네.'

(思無斁, 思馬斯作. 사무역, 사마사작.)

'집중해 힘차게 달려가네.'

(思無邪, 思馬斯徂. 사무사, 사마사조.)

여기에 쓰인 '思' 8개는 '생각'이 아니라 어조사가 분명하므로 번역할 뜻이 없다. 공자가 이 시에서 '사무사'를 가져왔는지 일반적인 의미에서 사무사를 말했는지 알 수 없다.

임진왜란을 기록한 서애 류성룡이 지은 책에 『징비록』(懲毖錄)이 있다. '징'(懲)과 '비'(毖)라는 글자는 『시경』에 많이 나오는 글자이다. '징비'를 한 단어로 쓴 용례는 없다. 류성룡은 '징비'를 저술의 제목으로 삼으면서 서문에 『시경』에서 가져왔다고 밝힌다. 이 같은 설명이 없다면 그냥 '잘못을 뉘우치고 삼간다'

는 의미를 담아 징비라고 할 수 있다.

　공자는 '사무사'를 일반적인 의미를 담아 만든 말인지 아니면 시삼백에서 가져온 것인지 밝히지 않으므로 의미 해석에 차이가 생긴다. 당시 학단의 학생들은 공자가 사무사를 말하는 맥락을 명확하게 파악했을 것이다. 이 책에서는 사무사가 일반적인 의미에서 만든 표현이 아니라 노송(魯頌)의 '경'(駉) 구절에서 가져온 것으로 본다. 『논어집주』는 설명 없이 "사무사는 노송의 시 '경'의 구절이다."(思無邪, 魯頌駉篇之辭.)라고 했다. 리쩌허우도 '경' 구절이라고 간단히 언급한다. 김용옥은 사무사는 '경'의 구절과 우연히 일치할 뿐 전혀 관계없다고 주장한다. '思'는 어조사가 아니라 '생각한다'는 본동사이며 그 의미는 '사랑하다'라는 주장이다(김용옥, 『논어한글역주』1, p.422).

'사무사'는 말(馬)이 달리는 모습

　이 책에서 사무사를 '경'에서 가져온 표현으로 보는 이유는 다음과 같다.

　송(頌)은 40편의 시를 실었는데, 주나라의 주송(周頌)이 31편으로 대부분을 차지한다. 그 외 상나라(은나라)의 상송(商頌)이 5편, 노나라의 노송(魯頌)이 4편이다.

주송과 상송은 뿌리이므로 반드시 시삼백에 넣어야 하지만 제나라 같은 다른 나라(제후국)는 제외하고 특별히 노송을 몇 편 다룬 이유는 공자의 모국이기 때문일 것이다. 그만큼 노송의 시에 애착이 많았을 것이다.

당시 말(馬)은 이동을 위한 교통수단으로서, 국방과 전쟁을 위해서 대단히 중요한 동물이었다. 주나라의 문물제도를 설명하는 『주례』(周禮)에 말을 관리하는 직책을 자세히 설명한다. 보통의 말은 그냥 '마'(馬)라고 부르는 데 비해 크고 튼튼하여 아주 좋은 말은 '용'(龍)이라고 부른다. 말을 얼마나 귀중하게 여기는지 알 수 있다.

춘추시대의 전쟁은 여러 말이 끄는 전차전(戰車戰)이므로 말은 국방력의 상징이었다. 당시 여섯 가지 교육 과정(육예, 六藝)에는 말을 다루는 '어'(御)가 포함되는데, 문무(文武) 구분이 없던 당시에 말을 다루는 실력은 문헌 공부 못지않게 중요하게 여겼다. 공자도 말 다루는 실력으로 이름을 내고 싶다고 할 정도로 집어(執御)에 자부심을 가졌다. 공자는 "말 다루는 솜씨로 이름을 낼까, 활쏘기로 이름을 낼까. (두 가지 모두 자신 있지만) 말 다루는 것을 선택하겠다(吾執御矣)."고 말하는 것을 보더라도 그것을 알 수 있다(『논어』「자한」). 이런 점을 헤아려 보면 말에 대한 공자의 정서는 매우 특별했을 것이다.

그런 말이 흐트러지지 않고 수레를 끌면서 힘차게 달려가는 모습을 나타내는 노송의 '사무사' 구절은 시삼백에 일이관지(一以貫之) 하는 큰 줄기로 삼아도 좋겠다고 여겼을 것이다.

불문마(不問馬) 아닌 '불(不), 문마(問馬)'

공자와 말에 관련된 에피소드 한 토막이 『논어』 「향당」(공자의 일상생활을 기록한 내용)에 실려 있다. 공자의 집 마구간에 불이 났는데 관청에서 퇴근한 공자의 행동에 관한 이야기다. 공자가 이를 알고 다친 사람이 있는지 물었지만 말에 대해서는 묻지 않았다는 것이 기존의 설명이다.

원문 '傷人乎不問馬'(상인호불문마)를 대부분 '傷人乎, 不問馬'로 끊어 읽어 "다친 사람은 없는지 걱정하고 말에 대해서는 묻지 않았다."로 풀이한다. 조선시대 『논어』 풀이의 기준으로, 12세기 송나라 주희(朱熹, 주자)가 편찬한 『논어집주』에는 "말을 아끼지 않는 것은 아니지만 사람이 다쳤는지 걱정하는 마음이 많아 말에 대해서는 물어볼 틈이 없었던 것이다. 사람은 존귀하고 가축은 미천한 이치는 마땅히 이와 같은 것이다."(非不愛馬, 然恐傷人之意多, 故未暇問, 蓋貴人賤畜, 理當如此.)라고 해석한 이후 이는 지금까지도 인본주의(人本主義)를 위한 기준처럼 인식되고 있다.

이는 주자의 편협되고 빈곤한 상상력에 따른 부적절한 설명이다. 인간의 존귀함은 가축을 포함한 동물을 하찮게 여기는 태도에서 상대적으로 확인되는 게 아니다.

이 구절은 '傷人乎, 不, 問馬.'처럼 끊어 읽고 그 의미를 생각하는 게 적절하다. 그러면 "다친 사람은 없는가? (집안 사람들이) 없다고 말하자(不), 그 다음에 말 상태에 대해 물었다(問馬)."로 된다.

이 구절은 끊어 읽기의 문제가 아니다. 인명 피해는 당연히 최우선으로 중요하다. 그렇다고 가축 중에서도 특별한 가치가 있는(그래서 마구간도 있다) 말은 죽든지 말든지 관심 없다는 식의 풀이는 오히려 사람만 소중하다는 폐쇄적이고 배타적이고 비뚤어진 사이비 인본주의가 될 것이다. 박세당(朴世堂, 1629~1703)은 이 구절에 대해 "마구간이 불에 탔으면 말은 어떻게 됐는지 묻는 게 인정에 떳떳한 이치이고 당연한 것이다(人情之常, 而理亦當然). 말이 사람에 비해 천한 짐승이라 하더라도 마구간이 탔는데도 죽었는지 살았는지 묻지 않는다면 과연 옳은 일인가."라고 했다. 이 구절에 대한 바른 해석이라고 할 수 있다.(박세당,『사변록』(思辨錄), p.243)

'사무사'는 순수한 정서

시삼백에는 보통사람들이 일상에서 겪는 '희로애락애오욕'(喜怒哀樂愛惡欲, 기쁨·분노·슬픔·즐거움·사랑·미움·욕망)의 칠정(七情)부터 국가공동체를 오래도록 보전(保全)하려는 의지와 기대까지 다양한 내용이 담겨 있다. 풍(風, 15개 나라 민요 160편)과 아(雅, 대부 등 지배층의 노래 105수), 송(頌, 종묘제례악 40편)이라는 세 갈래로 구성되어 있다. 겉으로 보면 풍(국풍)과 아(소아 및 대아) 그리고 송의 내용과 성격은 매우 다르다. 그런데도 '한 마디'(一言)로 시삼백을 관통하는 핵심을 표현하는 것은 가능한 것일까? 이를 위한 단서를 찾기 위해서는 시삼백의 시 배열 순서를 살펴볼 필요가 있다.

공자가 살았던 춘추시대는 지배층과 피지배층의 계급적, 신분적 차이가 분명했다. 그렇다면 국가의 지배층을 위한 시인 송(頌)을 맨 앞에 배치하는 것이 타당할 것이다. 그런데 공자는 여러 나라의 민중가요인 풍(국풍)을 시삼백의 앞쪽에 집중적으로 배치했다. 풍이 시삼백의 중심이라는 의미다. '사무사'는 대체로 서정시라고 할 수 있는 풍의 특성이라고 할 수 있다. 일부 지배층과 구별되는 다수의 보통사람들이 자연스럽게 드러내는 노래야말로 국가라는 공동체를 지탱하는 바탕이라는 인식이 공자의 관점이라고 할 수 있다. 보통 사람들의 정서가 흐트러지지 않아야 강제나 타율이 아닌 덕(德)으로 화합하는 덕치(德治)도 가능하다는 인식이 공자의 생각이었을 것이다.

시삼백의 시는 지금 같은 문자 중심의 시가 아니라 노래가사로 그 멜로디(가락)에 특별한 의미가 있다.

사람들의 느낌이나 정서를 바르게 하고 서로 잘 통하도록 하는 방법은 음악(音樂)이 적절하다. 음악에서 '음'이라는 소리가 시삼백의 가사(歌詞)이고 '악'은 멜로디이다. 시삼백의 시는 '가사'와 '가락'이라는 이중적 의미가 있다. 『논어집주』는 "시삼백의 말(言)이 훌륭한 이유는 사람들이 선량한 마음을 스스로 느껴 떨쳐 일어나도록 하는 데 있고(感發人之善心), 시의 쓸모는 사람의 성정을 바르게 하는 데 있다(性情之正)."고 설명한다.

시삼백의 시가 노랫말이고 동시에 가락이라는 의미는 사마천의 다음과 같은 설명에서 알 수 있다.

> "옛날에 삼천여 편의 시가 있었는데 공자가 내용이 겹치는 것은 빼고 예의에 적합한 가사를 기준으로 삼백여 편으로 간추렸다. 공자는 삼백 편의 시를 모두 '거문고로 연주하며 노래로 불러보고'(孔子皆弦歌之) 음악의 장르에 맞도록 정리했다."(『사기』「공자세가」)

사무사가 시삼백의 정신이라면 노랫말과 멜로디로서 시삼백을 대표하는 작품은 시삼백의 문을 여는 '관저(關雎, 물수리)'라는 제목의 시이다. 몸길이 50센티미터 가량인 물수리(물고기수리)는 수면 위를 날다가 재빨리 물고기를 잡는다.

'관저'는 남녀가 서로 그리워하는, 사랑하는 감정을 노래하는 내용이다. 지금도 쓰는 '요조숙녀'(窈窕淑女, 아리따운 여자), '전전반측'(輾轉反側, 누워서 몸을 이리저리 뒤척이며 잠을 이루지 못함) 같은 표현이 나온다. 한자(漢字)로 80자인데 몇 구절을 보면 다음과 같다.

'아리따운 저 아가씨 멋진 사내의 좋은 짝이네.
그리움은 끝이 없어 밤새도록 몸만 뒤척이네.
아리따운 아가씨와 금슬 즐기며 함께 있고 싶네.
아리따운 아가씨와 종북 울리며 즐기고 싶네.'

시 제목이 '물수리'인 이유는 물수리가 물고기를 낚아채듯 이성(異性)의 짝을 얻고 싶은 마음을 나타내기 위해서가 아닐까 짐작된다.

공자는 이 노래에 대해 "관저 시는 즐거우면서 음란하지 않고, 구슬프면서도 마음을 다치게 하지는 않는다."(關雎, 樂而不淫, 哀而不傷. 관저, 낙이불음, 애이불상. 『논어』「팔일」)라고 칭송한다. 사람의 자연스러운 성정을 절실하게 드러내지만 그렇다고 지나쳐 넘처흐르지 않는 적절함, 적당함을 보여준다고 평가한다. 멜로디를 직접 듣는다면 그와 같은 가지런한 감정의 분위기를 더 생생하게 느낄 수 있을 것이다.

음악에 뛰어났던 공자가 관저 시를 시삼백의 첫째 시로 삼은 이유도 노랫말과 함께 그 멜로디가 절묘(絶妙)했기 때문일 것이다. 이와 같은 감정 상태를 공자는 사무사, 즉 흐트러지지 않는 순수함으로 생각하고 시삼백의 기준으로 삼았을 것이다. 박세당은 사무사에 대해 "시삼백의 말에 선악(善惡)이 섞여 있어도 모두 정(情)에서 우러나온 것이고 허위(虛僞)로 꾸며낸 말은 아니다. 그래서 사무사라고 하는 것이다."(『사변록』, p.182)라고 한다. 이는 공자의 정서에 닿는 설명이다.

'사무사'는 뉴스 헤드라인의 거울

매스미디어 뉴스는 과거도 미래도 아닌 지금 세상 사람들이 부대끼며 살아가는 현상을 부분적으로 비춘다. 뉴스 헤드라인은 그런 뉴스를 맛보면서 뉴스 속으로 들어갈지 말지를 안내하는 표지판 같은 것이다.

개인과 공동체의 현실은 사람들의 칠정(七情)이 미묘하게 드러나는 생생한 현장이다. 이런 섬세한 칠정은 여러 가지 이유에서 한쪽으로 기울어지고 상처 나기도 쉽다. 칠정이 얽히는 삶의 모습을 매스미디어 뉴스는 급하게 취사선택하고 가공하면서 단순화(單純化)시키고 헤드라인이라는 출구를 통해 다시 세상과 마주하게 하는 창문이 된다.

  시간을 다투는 뉴스 헤드라인은 칠정이 드러나는 복잡하고 미묘한 상황을 전체적으로 온전히 담아내려는 고민에 앞서 일시적이고 부분적인 감정에 기울어져 언어 표현의 기교(技巧)나 테크닉(technic), 스킬(skill)에 갇혀 서두르기 쉽다.

  뉴스 헤드라인을 '일언이폐지 사무사'와 같은 방식으로 드러내는 것은 현실적으로 어려운 일이다. 이는 동시에 뉴스 헤드라인이 언제든지 '사이비(似而非) 헤드라인'이 될 수 있는 상황에 놓이는 것이기도 하다. '일언이폐지 사무사'는 뉴스 헤드라인의 정명(正名, 바른 모습)을 성찰하는 척도(尺度)가 될 수 있다. 성찰의 범위를 조금이라도 더 넓힐 수 있다면 이는 뉴스 헤드라인이 딛고 서는 땅을 넓히는 길이기도 하다.

5장

뉴스 헤드라인에는
서둘러 강요하려는
욕망이 꿈틀거린다

'개념'(概念)은 무엇에 대한 개략적인 생각이므로 뜻이 손에 잡히지 않는다. 개념을 뜻하는 영어 '콘셉트'(concept)에서 개념 이해의 실마리를 찾을 수 있다. '잉태(孕胎, 임신)하다'의 뜻이 있기 때문이다. 난자와 정자가 만나는 '잉태'는 생명(生命, life)의 시작이다. 콘셉트로서 개념이 세상 사람들에게 생명력 있게 다가가려면 잉태적 차원에서 살아 있어야 한다. 그래야 세상이라는 땅이 척박한 황무지가 아닌 기름진 옥토(沃土)를 기대할 수 있다.

영어 '퍼틸라이즈'(fertilize)는 정자와 난자가 만나는 수정(受精) 행위이다. 이를 형용하는 '퍼틸'(fertile)은 '양분이 많고 알차 비옥한'의 뜻이다. '퍼틸라이즈 마인드'는 '마음을 풍요롭게 가꾸는 태도와 노력'의 뜻이다.

콘셉트로서 개념이 잉태되고 태어나('태(胎)'에서 나와) 잘 자라면서 세상 사람들 사이에 널리 공유(共有)되어 교감(交感), 즉 서로 잘 통할 때 개념은 생명력을 이어갈 수 있다. 그런데 어떤 개념이 세상에 널리 통하지 못하고 시들해지면 잉태적 차원을 잃게 된다. 어떤 개념의 사회적 가치가 높아 간단히 없애버릴 수 없다면 문제가 무엇인지 진단해서 생명력을 새롭게 회

복할 수 있도록 사람들이 서로 힘을 모을 필요가 있다.

일상에서 멀어진 언론 개념

'언론'(言論)이라는 개념이 지금 이 같은 갈림길에 놓여 있다. 산업혁명 이후 형성된 대중 사회에 맞춰 등장한 신문 같은 미디어는 200년가량 세상일에 대한 심판관으로, 재판관으로 독점적(獨占的) 지위를 차지해 왔다. 신문사 또는 방송사가 '주식회사'라는 기업으로 오랫동안 매스미디어 산업을 독점하면서 시나브로 굳어진 병폐(病弊)가 '언론' 개념의 독점이다.

언론 개념은 특정 신문 회사나 방송 회사가 윤전인쇄기 또는 방송 송신탑을 소유하는 것처럼 배타적으로 차지할 수 없는 소중한 공공자산인데도 그 고유한 의미와 가치를 상당 부분 잃어버렸다.

언론을 국어사전은 '신문, 잡지, 방송 등을 통하여 뉴스나 사실을 알리거나 의견과 논의를 전개하여 여론을 형성하는 활동 또는 그와 같은 활동을 하는 기관'으로 풀이한다. 영어사전도 'newspapers, magazines, and radio and television news reports'처럼 같은 뜻으로 풀이한다. 언론을 영어로 '프레스'(press)라고 하는데 프레스는 눌러서 찍는 인쇄를 나타내는 용어이다. 뉴스를 종이 신문에 대량으로 인쇄해 불특정 다수 사람들에게 보급하던 시절에 만들어진 용어일 것이다. 종이 인쇄가 방송 전파보다 훨씬 먼저 대중화되었으므로 프레스라는 말처럼 언론 개념은 주로 종이 신문과 결합돼 쓰여 왔다.

이 같은 사정에 따라 언론 관련 법규도 언론 개념을 좁게 규정하고 있다. '언론 중재 및 피해 구제 등에 관한 법률'의 제2조 용어 정의(定義)에 따르면, 언론은 '방송, 신문, 잡지 등 정기간행물, 뉴스 통신 및 인터넷 신문을 말한다.'라고 규정한다. 또 언론사는 '방송 사업자, 신문 사업자, 잡지 등 정기간행물 사업자, 뉴스 통신사업자 및 인터넷신문 사업자를 말한다.'라고 규정한다(국회법률정보시스템).

언론 개념은 신문이나 방송 미디어와 '동일한 개념'(identical concept)이 아니다. 언론은 신문이든 방송이든 인터넷이든 미디어의 형태나 방식이 무엇이든 그것을 포괄하는 '우월(優越) 개념'(superior concept)이다. '언론 기관, 언론 산업, 언론인, 언론 보도, 보수 언론, 진보 언론, 좌파 언론, 우파 언론, 중도 언론, 정파 언론, 제도 언론, 언론 플레이, 언론 조작, 황색 언론, 언론 자유, 언론 중재, 언론 윤리, 언론 홍보, 언론 고시, 대중 언론, 대안 언론, 냄비 언론, 언론 탄압, 언론 통제, 언론 개혁' 같은 용어에 쓰는 언론이라는 개념은 언론의 본래 의미에 비춰 볼 때 '사이비'(似而非) 규정이다. 가령 언론 자유는 주식회사인 신문사나 방송사 또는 유튜브(구글이 운영하는 유한책임회사) 같은 미디어 기업의 자유에만 해당하는 것이 아니다. 이들 기업의 운영이 언론 활동에 해당하는 것은 맞지만 그것은 언론 활동의 '한 가지 방식'에 지나지 않는다.

신문 등 미디어 산업 분야의 기업들이 산업혁명 이후 100년 이상 '언론 개념'을 독점하면서 '신문(사)=언론' '방송(사)=언론'이라는 배타적 등식(排他的 等式)으로 굳어진 것이다. 널리 쓰이는 '언론인'이라는 용어도 마찬가지다. 언론인은 사전에 '신문, 방송, 통신, 잡지 따위의 언론기관에 관계하여 언론으로써 업(業, 직업)을 삼는 사람'으로 풀이하지만 그 같은 범위에 한정될 수 없는 용어이다.

신문사나 방송사 등 사회적 기관으로 기업화, 산업화, 제도화된 언론은 국가의 행정부, 입법부, 사법부 다음으로 중요한 영향을 미친다는 뜻에서 '제4부'(第四部)로도 불린다. 제도화된 언론 기업들이 공적(公的) 차원에서 정부를 감시하는 등의 순기능을 하지만 이는 동시에 기업으로서 언론 기관의 유지 운영을 위한 영업(營業) 행위이기도 하다. 언론 기업의 직원으로서 기자(記者) 직종은 국민의 '알권리'(right to know)를 대신하여 다양한 취재 활동을 하지만, 회사 안에서는 급여를 받아 생계를 꾸리는 직장인이고 회사원이다. 이런 부분은 간과되기 쉬운데, 언론 기업을 지탱하는 토대로서 매우 중요하다. 광고와 사업 등으로 수익을 내지 못하면 언론 활동도 불가능하다.

전문적으로 뉴스를 생산하는 언론 기업에 대한 사회적 인식이 과장(誇張)되면서 기업으로서 매스미디어가 '제4부' '국가 공동체와 사회의 감시자' '여론 형성자' 같은 역할을 해야 한다는 당위(마땅함)가 알게 모르게 사회 구성원의 합의가 된 것처럼 인식되고 있다. 이 같은 긍정적인 기능은 나쁜 것은 아니고 필요하지만, 근본적인 문제는 언론 개념이 독점되고 동시에 매스미디어를 중심으로 우상화(偶像化, idolization)되는 측면이 있다는 것이다. 이는 모두 언론 개념이 독점되고 좁아지면서 생기는 비정상적(非正常的)인 현상이다.

언론은 보통사람의 의사소통

우리나라 경우 한자(漢字)가 들어온 삼국시대 이후 '언론'이라는 용어는 일상에서나 문헌에 흔히 쓰는 말이었지만 일제강점기 이후 신문을 중심으로 하는 대중매체(매스미디어)가 발달하면서 언론이라는 말은 보통사람의 일상에서 멀어졌다. 보통사람의 일상에서 언론은 언어(말)를 통한 의사소통(커뮤니케이션)이다.

이 같은 사정을 이상철은 다음과 같이 진단한다.

"언론은 인류 역사가 시작된 때부터 어떤 형태로든지 존재한 것이다. 변한 것은 언론 자체가 아니라 언론 행위를 전달하는 수단(means)과 방법이다. 신문과 방송 등의 매체 자체가 언론이 아님은 물론이다. 이들 매체는 언론의 수단이지 언론 자체는 아니다."(이상철, 『언론발달사』, p.45)

학자들의 언론 연구단체로 처음 설립된 단체는 1959년 창립한 '한국신문학회'인데 당시에는 신문(종이 인쇄 신문)이 언론의 대표였기 때문이다. 중앙대학교는 국내 처음으로 '신문학과'를 1958년 개설했다. 1969년에는 신문방송학과로 이름을 바꾸고 2014년에는 미디어커뮤니케이션학부를 설치했다. 서울대학교는 1963년 '신문연구소'를 설치하고 1975년 '신문학과'를 개설하고 1997년 언론정보학과로 이름을 바꿨다. 부산대학교는 1989년 '신문학과'를 개설했으나 1993년 신문방송학과로, 2020년에는 미디어커뮤니케이션학과로 이름을 바꿨다. 지금은 대학의 학과 이름으로 '신문방송학과'를 사용하는 곳은 거의 없다. 미디어 환경의 변화에 따른 현상이다.

대학에서 학과나 전공의 이름을 '신문학과' '언론정보학과' '미디어커뮤니케이션학과' 등으로 바꾸더라도 언론 개념의 배타적 독점이라는 근본적인 성격은 그대로 이어지고 있다. 언론이라는 보편적 개념은 대학에서도 특정 학과 또는 전공에만 해당되는 것 같은 인식이 퍼져 있다. 공과대학 학생들은 언론이나 미디어, 커뮤니케이션이라고 하면 자신들과는 관련 없는 분야처럼 생각하는 경우가 많다.

이상철은 "(신문에서 언론으로) 명칭 변경에도 불구하고 우리는 아직도 언론을 매스컴의 연장선에서 뉴미디어 등을 포함하는 정도의 매스컴을 확대하는데 지나지 않고, 언론의 다른 중요한 현상인 스피치(speech) 커뮤니케이션 개념은 제대로 도입되지 않고 있다."고 지적한다(『언론발달사』, p.46). 그는 언론 개념을 결론적으로 다음과 같이 명확하게 제시한다.

> "언론은 커뮤니케이션이다. 서양에서는 커뮤니케이션이고 우리는 말(언어)이다. 말은 직접 대인간(interpersonally, 對人間)으로 할 수도 있고 대중매체인 매스미디어(mass media)를 통해서도 할 수 있다. 그러므로 언론은 각종 채널을 통해서 각자의 사고, 경험, 의식, 필요, 감정을 외부로 표현하는 일체의 행위(all kinds of public expression)를 가리킨다."(p.47)

이상철의 책은 초판이 1992년 발간되었으므로 33년 전 일이다. 인터넷 검색 서비스가 막 등장하던 시절이었으므로 인터넷이 지금처럼 지구촌의 최대 미디어로 발달하기 한참 전 일이다.

언론 개념에 대한 이상철 교수(출간 당시 중앙대학교 신문방송학과 교수)의 정확한 진단과 설명에도 불구하고 언론 개념은 여전히 신문과 방송 같은 매스미디어 중심의 견고한 틀 안에서 벗어나지 못했다. 언론 기관으로 제도화된 시간이 길어지면서 언론 개념을 독점하고 있다는 사실에 둔감(鈍感)해져 굳이 그것을 성찰해 볼 필요성을 느끼지 못했을 것이다. "우리가 기사를 쓰고 헤드라인을 붙여 신문을 만들면 불특정 다수 독자들은 그것을 수동적으로 받아 읽는다. 광고주는 우리가 확보하고 있는 독자들에게 접근하는 통로로 신문에 돈을 내고 광고를 싣는다."는 말처럼 일방적으로 고착화(固着化)된 정보 흐름은 일종의 기득권으로 굳어졌다. 이 같은 기득권이 타당한 것인지 스스로 돌아보면서 변화를 꾀하기를 기대하기는 매우 어렵다.

종이 신문 같은 기존 미디어들이 유튜브를 비판하는 뉴스를 많이 생산하고 있다. 유튜브는 '언론'이 아니고 되어서도 안 된다는 식의 주장도 적지 않다. 유튜브는 많은 인터네터가 참여하고 콘텐츠도 다양한데도 부분적인 부작용을 부풀려 비난하는 것은 언론을 여전히 독점하려는 데서 비롯되는 금단(禁斷) 현상이라고 볼 수 있다. 부분을 전체처럼 과장하는 부당확충(부당주연)의 오류 또는 성급한 일반화의 오류가 될 수도 있다. 전체적으로 보면 유튜브는 보통사람들의 활발한 커뮤니케이션

통로이고, 공론 광장이라는 점에서 언론의 원래 의미에 기존의 미디어보다 더 가깝다.

전통적인 신문과 방송이 산업화되고 제4부라는 사회적 영향력을 가지면서 누구나 누려야 할 언어적(言語的) 커뮤니케이션으로서 언론 개념은 거의 사라질 정도로 쇠퇴했다.

인터넷으로 풀리는 언론 족쇄

인터넷이 보급되고 인터네터(interneter)라는 지민(知民)과 지중(知衆)이 세상에 등장하면서 '언론'은 비로소 새로운 상황을 만들어 내고 있다. 인터넷과 인터네터의 대량과 대규모는 신문의 대량 인쇄나 방송의 대량 전파와는 비교할 수 없을 정도이다. 오랫동안 일간(日刊) 종이 신문의 영향력을 재는 척도로 높은 권위를 가졌던 발행 부수와 유료 부수(구독 요금을 받는 부수)는 이제 거의 가치가 없어졌다. 인터네터들이 뉴스나 광고를 접하는 통로로 삼는 경우가 크게 줄었기 때문이다. 오랫동안 언론이나 영향력의 상징으로 여겨져 온 신문사의 윤전인쇄기나 방송사 건물 옥상에 우뚝 솟은 전파 송신탑은 이제 한물간 설비로 처지가 바뀌었다. 이제 인쇄기나 송신탑 같은 뉴스 생산 수단은 중요하지 않은 세상이 됐다.

미국의 미디어 산업 분석가인 켄 닥터(K. Doctor)는 이렇게
말한다.

> "이제는 개인이 거의 한계 없이 뉴스를 선택한다. 옛날식
> 으로 신문과 방송이 뉴스를 독점적, 폐쇄적, 배타적으로 배
> 달하는 방식으로 사람들을 묶었던 쇠사슬에서 해방된 것
> 이다. 이제 어떤 뉴스 콘텐츠가 생존하고 어떤 뉴스가 죽을
> 것인가?"

> *Now We individually have almost infinite news
> choice. We are unshackled from the physical limita-
> tions of old world newspaper and broadcast delivery.
> Which news content wins and which loses?*(Ken Doctor,
> Newsonomics, p.15)

이 구절에서 눈에 띄는 표현은 '족쇄(쇠사슬, 쇠고랑)에서 벗어
남'(un-shackle)이다. 종이 신문 같은 기존 미디어에 대한 아쉬
움보다는 강한 거부감이 묻어난다. 오랫동안 '언론'을 배타적
으로 독점해 온 데 대한 반발심이라고도 할 수 있다. 저자는
미국의 영향력 큰 신문에서 기자와 편집 책임자, 경영인으로
21년 근무한 경험이 있다.

책 전체에서 저자가 말하는 요점을 간추리면 다음과 같다. 올드 미디어(Old-media)가 이전의 독점적 기득권을 넘어 언론의 정명(正名, rectification of name)을 향해 나아가는 길잡이에 도움이 될 수 있다.

- 새로운 미디어 환경에서 저널리즘은 광고주 대신 사회와 개인이 뉴스에 돈을 내는 방식이 될 것이다.
- 뉴스의 생산과 보급이 거의 무료로 이뤄지는 시대를 맞아 언론의 자유는 언론기업을 소유한 일부 사람에게 허용된다는 것을 바꾸고 있다.
- 이제 사람들 자신이 게이트키퍼(gatekeeper) 역할을 한다. 뉴스가 유통되는 세계는 더 이상 외부인의 출입이 금지된 통제구역이 아니다.
- 이 새로운 세상에서 뉴스 소비자로서 사람들은 이전보다 훨씬 나은 판단력으로 뉴스 콘텐츠를 선택할 수 있어야 한다. 뉴스 콘텐츠가 이전에는 겪어보지 못한 방식으로 경쟁하게 되므로 소비자들은 더 나은 뉴스를 찾는 노력이 필요하다.
- 독자 혁명과 광고 혁명이라는 두 가지 혁명은 오랫동안 막강했던 올드 미디어를 쉽게 꺾어버리고 있다.
- 뉴스를 즐기는 사람들에게 지금 세상은 니르바나(nirva-

na, 최고 경지)이다. 지금처럼 온갖 뉴스를 즉각적으로 마음껏 이용할 수 있는 시대는 인류 역사에서 처음 있는 일이다.

- 올드 미디어들이 겪는 마음의 상처를 하나 더 보탠다면 인터넷에서 얻는 거의 모든 재료가 공짜라는(free) 것이다. 이것은 종이인쇄 신문이 독자를 잃는 것이고 인터넷으로 옮겨간 독자들은 더 이상 뉴스에 대한 비용을 지불하지 않는다는 것이다. 독자들이 만족스럽게 여기는 무료지만 양질의 콘텐츠가 어디에나 흘러다닌다는 뜻이다.

- 올드 미디어는 "우리가 뉴스를 편집하고 당신들은 그것을 읽는다."(We edit, you read.)는 일방통행식(one-way) 전달에 기울어져 있었다. 인터넷은 사람들이 양방향(two-way)에서 서로 소통한다.

- 전통적으로 매스미디어는 광고주들에게 이렇게 말했다: "우리는 많은 수용자(audience, 독자 또는 시청자)를 가지고 있습니다. 우리가 그들에게 접근하도록 해줄 테니 신문 지면이나 방송 시간을 구입하십시오." 그러나 이제 광고주는 신문 지면이나 방송 시간을 통한 방식을 원하지 않는다. 상품을 살 가능성이 있는 수용자들에게 직접 다가가기를 원하고 그런 수용자들은 이제 거의 무한대로 있다.

- 과거에 성공을 상징했던 간판들은 이제 진퇴양난(millstones)이다. 미국의 미디어는 민주주의를 살아 있게 하는 피와 같았고 많은 이익을 내는 사업이었지만, 이제 그런 시대는 끝났다(over).

- 비즈니스 뉴스는 하나의 '틈새'(니치, niche)이다. 디지털 뉴스 사업은 대부분 틈새시장으로 되고 있다. 틈새를 다루는 뉴스는 광고와 판매에서 일반적인 뉴스보다 훨씬 효과적이다. 인터넷에는 놀라울 정도로 많은 틈새가 있다. 틈새는 잘게 썰어 자세히 분석해야 한다.

- 이제 낡은 생각이 됐지만, 종이인쇄 신문은 불특정 다수라는 사람들을 위해 전날의 뉴스를 잘 모아 놓은 방식이었다. 인터넷은 이 같은 방식을 바꿔 버렸다.

- 게이트키퍼의 역할이 중단된 '주목과 흥미의 경제'(attention economy)에는 자신의 독특한 브랜드와 스토리를 만들어 인터넷 세상에 스스로를 증명하는 것이 핵심이다. 그렇게 해서 사람들에게 영향력을 높여야 한다.

- 뉴스는 사실(facts)을 전달하는 역할을 넘어서야 한다. 뉴스는 통찰력 있는 지식과 관점을 줄 수 있어야 한다.

- 뉴스는 사업으로서 중요한 역할을 해왔다. 그러나 오랫동안 안정된 지위를 누리면서 이제 그러한 상태가 뉴스 산업을 배타적이고 좁게 치우치도록(insular) 만들었다.

- 인터넷은 우리 모두를 위해 '독점 저널리즘이라는 족쇄'

(shackles of monoply journalism)를 끝내 버렸다. 인터넷은 정말로 우리 자신이 뉴스의 편집자(editor)가 되도록 만들었다.

언론 개념을 독점해 온 미디어 기업들의 족쇄(足鎖)를 풀어 버리고 언론의 정명, 즉 바른 이름을 찾아가는 주체(主體)는 이 책에서 대중 또는 군중을 대체하는 용어로 제시한 '인터네터'라고 할 수 있다. 인터네터는 디지털 테크놀로지를 기반으로 이 같은 변화를 이끌고 있다.

뉴스 헤드라인과 관련해서 언론 개념의 본질을 살펴보는 이유는 기사 본문을 요약하고 읽도록 유도하는 헤드라인의 기본적인 기능과 역할에 대해 더 깊은 차원을 고민할 필요가 있기 때문이다.

켄 닥터는 책을 시작하는 인사말(acknowledgments)에서 "자신을 방어하는 데 고통스런 시간을 보내는 뉴스 생산 매체들이 최근 들어서는 자신들의 운명이 흔들린다는 '뉴스 피로감'(news fatigue)에 무릎을 꿇는 것 같다."며 "결국 어떻게 새롭고 신선한 뉴스 콘텐츠(fresh angles and story)를 생산할 것인가 하는 본질적인 고민과 노력을 해야 한다."(p.7)는 어려운 과제를 던진다.

또 책을 마치면서 그는 "디지털 뉴스 시대는 우리에게 놀라움과 두려움을 안기고 있다."며 "공동체의 구성원이자 뉴스 소비자로서 우리는 새로운 뉴스 산업이 세상에 이로운 결과를 낳도록 도와야 한다."고 말한다(p.208).

헤드라인의 새로운 가능성

이 책의 관심도 뉴스 헤드라인이 포털 사이트의 유혹과 압박에 시달리는 현실에서도 '일언이폐지 사무사'와 같은 전체적이고 본질적인 차원을 성찰하는 하나의 계기가 되도록 하는데 있다. 이를 위해서는 '헤드라인'이라는 개념을 바라보는 밑바탕, 즉 가능성(prospect)을 가능한 한 넓고 깊게 살펴볼 필요가 있을 것이다.

뉴스 헤드라인의 역할을 다시 생각해 본다. 다음과 같이 정리할 수 있다.

① 기사의 핵심을 요약
② 기사 내용을 함축
③ 기사의 정보 가치를 대변
④ 기사를 읽도록 관심을 이끔
⑤ 기사의 분위기를 표현

⑥ 간결하고 리듬 있게 표현

①, ②, ③은 뉴스 헤드라인의 1차 역할이고, ④, ⑤, ⑥은 2차 역할이다. 여러 가지 역할 중에서 기본적으로 가장 중요한 것은 기사에 담긴 내용의 '핵심'을 '요약'(要約, summarization)하는 것이다. 헤드라인을 다루는 신문 편집에 관한 연구서들은 대부분 '핵심 요약'을 뉴스 헤드라인에서 가장 중요한 역할이라는 데 동의한다.

본질적인 문제는 핵심과 요약의 의미가 무엇이냐 하는 점이다. 어떤 현실에 대한 '뉴스화' 과정 자체가 '요약화' 과정이기 때문이다. 뉴스 헤드라인을 붙이기 위해 읽고 분석하는 대상으로 기사의 본문은 어떤 현실을 전체적으로 담는 콘텐츠가 아니라 1차적으로 취사선택(取捨選擇)하고 가공(加工)을 거친 요약이다. 뉴스 헤드라인은 '요약된 현실'을 2차적으로 요약하는 '요약의 요약'이 된다. 요약이 반복되면 그만큼 '전체적으로서 현실'과는 더욱 멀어진다. 뉴스를 담는 내용이든 그것을 다시 요약하든 그것은 모두 '부분적 사실 또는 현실'이다. 그런 뉴스 헤드라인에 기교적(技巧的) 표현을 더하여 독자를 유인(誘引)하는 과정은 그 다음 문제이며 본질 차원에서 보면 덜 중요하다.

'뉴스 헤드라인은 기사 내용을 쉽고 간결하게 요약해야 한다!'는 제일원칙은 기사에 대한 2차 가공품(加工品)으로, 복잡한 현실(정확히는 현상)에서 동떨어지면서 그 현실을 더욱 앙상하게 만들 수 있다. 기사와 그것에 대한 헤드라인이 거짓이나 가짜라는 의미가 아니라 사이비, 즉 현실을 드러내고 있지만 그 현실은 전체로서의 현실이 아니라 부분으로서의 현실이며, 부분으로서의 현실도 선택과 가공이 들어간 '비현실적'(非現實的) 현실로 만들어진다는 의미다.

뉴스는 이중(二重) 가공품

월터 리프먼(W. Lippmann, 1889~1974)은 이 같은 사정과 관련해 본질적인 이야기를 한다. 뉴스와 진실(truth)은 서로 다르기 때문에 명확하게 구별해야 한다는 것이다. 독자들에게 전달되는 신문은 여러 가지 방식의 주관적 선택(selections) 과정을 통과한 결과물이기 때문이다(*Public Opinion*, p.192). 그가 말하는 뉴스의 '유사(類似) 환경'(pseudo-environment)이나 '유사 사실'(pseudo-fact)은 현실 자체(현실 자체가 무엇이고 어떤 상태인지는 알 수 없다)가 아니라, 뉴스화 과정으로 형성되는 사이비 현실을 가리키는 것이다(p.13). 그래서 리프먼은 이렇게 말한다.

"사람들은 '있는 그대로'를 사실로 받아들이는 것이 아니라 사실이라고 생각하는 것(what it supposes to be the fact)을 사실로 삼는다…… 사람들의 행동은 이렇게 형성되는 유사 환경에 대한 반응(response)이다(p.7, p.13)."

팩트 = 선택 + 해석

요즘 '사실' '팩트' '팩트 체킹'(사실 확인) 같은 말이 강조되고 있지만 이는 막연한 원칙이라는 의미를 제외하면 환상(幻想)에 지나지 않는다. 특히 뉴스가 다루는 사실(事實)은 '주관적(主觀的) 가공품'이기 때문에 더욱 그렇다. 사실을 나타내는 영어 '팩트'(fact)의 라틴어 뿌리 '파치오'(facio)의 뜻이 'make'(만들다), 'produce'(생산하다), 'compose'(구성하다)라는 점이 팩트의 의미를 잘 보여준다. 사실이나 팩트는 사람들과 떨어져 홀로 있는 것이 아니다. 다가가 선택(selection)하고 해석(interpretation)해야 그 얼굴을 구체적으로 보여준다. '진실은 팩트에 있다' 같은 언론 기업들의 슬로건은 얼핏 그럴 듯하지만 진실과 팩트는 성질과 범위가 다르다.

선택과 해석 과정에 들어가는 개인의 가치관은 프레임(frame, 세계를 바라보는 방식을 형성하는 정신적 틀)으로 작동한다. 인지과학 연구에서 다음과 같은 결론은 '팩트'(사실)의 제한적(制限的)이고 부분적(部分的)인 의미를 파악하는 데 도움이 된다.

"사실이 프레임에 맞지 않으면 프레임은 유지되고 사실은 무시된다." (when the facts dont's fit the frames, the frames are kept and the facts ignored.)

"프레임은 사실을 능가한다." (Frames trump facts.)

(George Lakoff, Don't think of an elephant! p.121, p.160)

사실(팩트) 중에서도 '역사적 사실'(historical fact)이라고 하면 누구나 공감할 사실의 기준이나 본보기처럼 생각할 수 있다. '역사'(歷史)라는 말에서 풍기는 무게감에서 더욱 그렇게 여길 수 있다.

역사적 사실이라도 매스미디어 뉴스와 마찬가지로 '주관적 선택에 따른 가공품'이라는 점에서는 자유롭지 못하다. 역사학자 카(E.H. Carr, 1892~1982)는 '역사적 사실'에 대해 이렇게 말한다.

"사실들(facts)은 생선 장수가 좌판에 놓은 생선 같은 게 결코 아니다. 사실이라는 것은 접근할 수 없는 넓은 바다를 헤엄치는 물고기와 같다. 역사가는 낚시를 할 지점과 낚시

도구를 선택하여 자신이 원하는 종류의 사실(kind of facts he wants)을 낚을 것이다. 역사는 해석(interpretation)을 의미한다."(카, 『역사란 무엇인가』 What is History, p.38)

역사에서 '사실'이라는 것은 역사가라는 해석자와 떨어져 순수한 형태로 존재하는 것이 아니라 역사가의 '주관'을 만나면서, 즉 역사가의 선택과 해석을 통해 비로소 역사의 사실이 된다는 의미다. 따라서 역사적 사실은 역사를 기록하는 역사가에 의해 왜곡되고 굴절(屈折)된 현실이 된다. 이는 현실이 부분적으로 드러나는 현상으로서는 불가피할 것이다.

카는 이런 사정에 대해 "역사책을 읽을 때 먼저 관심을 가져야 하는 점은 그 책에 들어 있는 사실들이 아니라 그 책을 쓴 역사가이어야 한다."(p.38)고 말한다.

뉴스화(process of becoming news)의 첫 단계는 복잡한 현실에 대한 '부분적 선택'(partial selection)이다. 현실 전체는 선택할 수 없다.

근본적 문제는 그와 같은 선택 행위에 개입하여 작동하는 주관(主觀) 또는 주체(主體)의 특성이다. 여기서 주관 또는 주체는 뉴스를 생산하는 미디어뿐 아니라 정부 기관, 기업, 각종 단체 그리고 인터네터로서 개인을 모두 가리킨다.

리프먼은 뉴스에 대해 "뉴스는 사회 현실의 전반적인 상태나 환경을 비추는 거울이 아니다. 미디어의 시야 또는 의식 속으로 끼어들어오는 한 측면을 보도하는 것이다."라고 말한다. (news is not a mirror of social conditions, but the report of an aspect that has obtruded itself.) (p.184)

뉴스에 대해 특별히 새로운 관점은 아니지만 그가 쓴 'obtrude'라는 단어는 깊은 의미가 보인다. 그냥 현실의 한 부분이나 측면이 아니라, 현실이 주인이라고 가정하면, 그다지 내키지 않거나 짜증스런 방식으로 뉴스화 과정에 억지로 끼어들게 한다는 의미로 풀이할 수 있다. 'obtrude'에 대한 영영사전의 풀이 'to become involved with something or to become noticeable in an unpleasant or annoying way.'가 이 같은 분위기를 느끼게 한다. 어떤 현실의 작은 부분을 억지로 떼어내 그 부분만 두드러지게 만들려고 하기 때문에 현실 입장에서는 불쾌하고(unpleasant) 짜증스러울 수 있는(annoying) 것이다.

리프먼은 또 뉴스를 다음과 같이 정의한다.

"뉴스는 뚜렷하게 드러난 흥미로운 측면들에 대한 이야기다."
news is an account of the overt phases that are interesting. (p.190)

여기 'overt'(뚜렷한) 또는 사전의 풀이에 있는 'noticeable'(분명한)은 현실의 현상이 뉴스로 되는 과정에서 중요한 단계이다. 뚜렷하고 확실하며 분명해야 어떤 식으로든 뉴스로 가공될 수 있기 때문이다. 이 말은 만약 어떤 현실의 드러난 부분이 뚜렷하지 않다면 뚜렷하게 '만들어야' 또는 '가공해야' 한다는 뜻이기도 하다. 뉴스화에는 현실의 현상을 비틀어 왜곡(歪曲, distortion)하는 주관이 불가피하게 들어간다.

흥미는 이익

뉴스뿐 아니라 대부분의 콘텐츠에서 가장 중요한 목표는 '흥미'(興味)이다. 뉴스는 물론이고 문화예술 공연, 기업의 상품, 정부의 정책 등 모든 콘텐츠가 세상 사람들에게 흥행(興行)하지 못하면 그 콘텐츠는 실패하여 사라진다.

'興'이라는 글자는 '여러 사람이 손을 맞잡고 그릇 같은 물건을 들고 있는 모습'이다. 『설문해자』는 '起'(기)라고 풀이한다. '起'는 '우뚝 솟아 널리 일으키다'의 뜻이다. '味'는 그냥 맛이 아니라 '미세하면서도 풍부한 맛이나 분위기'다. 그래서 『설문해자』는 '자미'(滋味)라고 풀이한다.

흥미를 나타내는 영어 '인터레스트'(Interest)에는 관심이나 흥미(흥미로움)라는 뜻과 함께 '이익'(利益)의 의미가 있다. 흥미는 이익이다.

뉴스가 사람들에게 흥미를 일으키려고 하는 이유는 사람들의 일상에 즐거움을 주기 위해서가 아니다. 뉴스 소비자의 흥미는 뉴스를 생산하는 미디어 기업에 이익이 되기 때문이다. 어떤 뉴스 헤드라인이 '사람들에게 흥미나 관심, 주목, 눈길을 끌지 못하면 어떻게 하나' 하는 편집 기자들의 마음 졸임이나 초조함은 표현의 문제 이전에 '경제적 이익 또는 손해'와 관련되는 문제이다.

리프먼은 뉴스의 본질에 대해 깊은 차원으로 접근하지만 뉴스의 흥미가 어떻게 사람들의 '손익'(損益, 해로움과 이로움)에 관련되는지에 대한 인식이 부족해 보인다. 여러 측면을 복합적으로 담고 있는 현실이라는 덩어리에서 왜 특정 부분을 골라서 선택하는가 하는 문제에는 이로움 또는 해로움이라는 기준이 작동한다. 현실의 현상에서 어떤 부분을 선택하여 뉴스로 뚜렷하게 드러내야 이익이 될 것인가 하는 측면이 선택 행위에 작동하는 근본적인 기준이라고 할 수 있다. 그래서 가령 어떤 정치권력이 마음에 들지 않고 해로울 것 같으면 '사실'(팩트)은 그런 성향(性向, 마음의 방향)에 맞춰 취사선택하여 가공한다.

뉴스의 선택 기준인 '뉴스 밸류'(news value)로 규정되어 있는 '시의성, 근접성, 저명성, 영향성, 신기성, 사회성, 흥미성' 같은 기준은 현실성이 떨어진다. 오프라인 미디어든 온라인 미디어든 '뉴스라고 생각하는(판단하는)' 내용을 종이에 인쇄하든 컴퓨터 화면에 띄우든 그렇게 싣는 내용이 뉴스이다. 그렇게 실린 뉴스가 흥미와 흥행을 일으켜 이익을 낳아야 한다는 계산은 헤드라인을 포함한 미디어 뉴스와 그 생산 기업의 '본질적 욕망'(essential desire)이다.

더 조급해지는 뉴스

매스미디어 뉴스는 '급하게 쓰는 뉴스'라는 말이 있다. 뉴스라는 기록은 호흡이 짧은 역사라고 할 수 있다. 스티븐스는 뉴스의 성급함에 대해 이렇게 말했다.

> "뉴스를 만드는 저널리스트들은 뉴스가 시간에 떠밀려 역사로 쇠퇴하기 전에 붙잡으려는 조급함 때문에 깊은 생각을 하기 어려운 사람들이다."
>
> *journalists, hustling to capture news before it decays into history, rarely have time for deep thought.*
>
> (M. Stephens, A History of News, p.122)

그는 뉴스와 역사를 구분하고 있지만 '지금'(now)의 기록으로서 매스미디어 뉴스는 쌓이고 쌓여 미래에 역사가 된다는 원리에서 보면 서로 맞물려 있다. 매스미디어 뉴스는 '현재를 기록하고 표현하는 역사'라고 할 수 있다.

복잡한 현실에 대한 '요약'이 비록 '전체적으로 온전(穩全)한' (whole) 간추림이 아니더라도 그와 같은 기준을 고민하는 문제의식은 필요하다. 그러나 이 같은 당위에 공감하더라도 하루에 많게는 수십 개의 기사에 헤드라인을 붙여야 하는 편집 기자 같은 미디어 기업의 업무 담당자들에게는 현실적으로 무리한 요구일 수 있다. 인력이 충분하면 사정이 낫겠지만 이는 미디어 기업의 경영 능력과 직결된다. 취재 기자 한 명이 하루에 생산하는 기사가 열 개 이상인 경우도 적지 않다. 지금은 취재기자가 헤드라인을 붙여 기사를 '뉴스룸'(news room)이라고 부르는 편집국 또는 보도국에 보내는 경우가 많다.

생산해야 하는 기사 량과 헤드라인을 붙여야 할 기사가 감당하기 어려울 정도로 많으면 품질은 떨어지고 조급한 욕망은 앞서기 쉬워진다. 현실을 선택하는 뉴스화의 첫 단계에 앞서 '의미나 가치 있는 선택인가'에 대한 인식이나 성찰에 소홀해질수 있다. 뉴스 경쟁이 심해지면서 1차와 2차 요약, 즉 기사와 헤드라인을 서둘러 만들어 뉴스 소비자들에게 급하게 강요하려는 욕망은 더 강하게 작동할 수 있다.

단순한 현상으로 보이지만 뉴스로 보도된 사례를 살펴본다.

어느 대기업 회장이 서울 시내에 있는 회사 연수원에서 신입 사원 80명이 참가한 2주 과정의 연수를 마치고 수료하는 행사에 참여해 신입 직원들을 격려했다는 내용이다. 이를 보도한 매체의 헤드라인은 다음과 같다.

- ○○○ 회장, 취임 후 신입 사원과 '첫 만남'
- ○○○ 회장, "고객 불만에 귀 기울여야"
- ○○○ 회장, '고객 제일' 가치 강조
- 신입사원 만난 ○○○, "고객보다 먼저 원하는 상품 제시해야"
- ○○○ 회장, 신입 사원과 만났다
- ○○○ 회장, 신입 사원 만남서 강조한 말은?
- ○○○ 회장, "인재들 보니 밥 안 먹어도 배불러"

이 같은 행사는 기자가 현장에 가서 취재를 하는 경우는 드물고 대개 그 기업의 홍보 관련 부서에서 행사를 요약해 보도 자료 형식으로 기자들에게 보냄으로써 뉴스화 된다. 담당 부서 직원은 행사가 끝난 후 내용을 요약하는 편집 과정을 거쳐 결재를 받은 후(결재 과정은 일종의 게이트키핑이다) 미디어 기자들에게 보낸다. 긍정적인 내용은 강조 또는 부각시키고 부정적으로 비칠 수 있는 내용은 숨기거나 축소한다. 강조는 적극적인 과장(誇張, 부풀림)이고 축소는 소극적인 부풀림이다. 모두 주관의 선택 과정에 해당한다. 기자가 현장에 가서 직접 취재를 한다고 해도 이 같은 선택 과정은 마찬가지로 작용한다.

인터넷 이전 시대나 지금 같은 인터넷 시대나 뉴스가 만들어지는 1차 재료(출처, 소스)는 정부와 지방자치단체, 기업, 학교, 각종 단체 등이 요약한 '보도자료'(news release)이다. 이를 가공해서 뉴스로 생산한다. 포털 사이트에 보이는 뉴스에 비슷한 내용이 많은 이유이다.

이 기업의 행사 내용에서 '핵심'은 무엇인가? 신입 사원들보다는 행사에 직접 온 회장의 언행이 가장 중요한 '부분'이 될 수밖에 없을 것이다. 뉴스화 된 헤드라인이 대부분 '○○○ 회장'을 내세우는 것을 보면 알 수 있다. 회장은 신입 직원들을 격려하고 환영하는 이야기를 하고 사진을 찍고 음식도 먹었을 것이다.

포털 사이트의 압박

행사를 간추린 보도자료가 사진 등 영상과 함께 기업을 담당하는 기자들의 이메일에 오면 보도자료 그대로 뉴스가 되는 경우도 있고, 보도자료 헤드라인을 조금 바꿔 뉴스로 생산하는 경우도 있다. 뉴스화 과정에 걸리는 시간은 5분도 걸리지 않을 것이다. 스티븐스 교수의 말처럼 '깊은 생각'(deep thought)을 하고 있을 시간이 없을 것이다. 기자들의 생각 능력이 떨어져서가 아니라 끊임없이 밀려드는 뉴스 후보 자료들을 하나하나 붙들고 사려 깊은 자세로 살필 형편이 되기 어렵다. 빨리 포털 사이트에 들어가도록 해서 사람들의 선택, 즉 관심과 주목을 받도록 해야 한다는 압박이 강하게 작용한다. 아주 짧은 시간 안에 뉴스 헤드라인의 흥행에 대한 성공과 실패가 결정된다. 뉴스를 생산해 공급하는 쪽에서 보면 맥 빠지는 일이겠지만, 뉴스의 경쟁에 따라 생산 환경이 나빠지는 사정은 인터네터들의 관심이 아니다.

이 행사에서 요약할 가치가 있는 핵심은 없다고 해야 할 것이다. 기업의 대표가 신입 직원들의 연수 수료식에 참석하는 내용이 공적(公的) 차원에서 뉴스 가치(news value)가 있을까? 없을 것이다. 그 기업의 대표가 신입 직원들에게 고객의 중요성을 말하는 것은 뉴스 가치가 있을까? 없을 것이다. 너무나 당연해서 뻔하게 느껴지기 때문이다. 세상의 기업 중에 소비자로서 고객을 중요하게 여기지 않는 경우는 없을 것이다. 대통령이나 지방자치단체장이 국민과 주민이 중요하다는 이야기를 한다면 이는 아무런 가치가 없는 것이나 마찬가지다. 너무 당연해서 뻔한 말이나 내용은 쓸모없으므로 어떤 가치도 나오지 않는다. 독자를 위한 뉴스가 될 수 없다.

가치 떨어지는 뉴스 밸류

그런데도 이런 내용이 여러 미디어 기업에서 '뉴스의 지위'를 차지하게 된 이유는 무엇일까? 크고 작은 어떤 기업에서도 있을 행사가 이 기업에서 특별히 뉴스로 만들어진 이유는 대기업에서 일어난 행사이기 때문이다. 대기업에서 보내는 보도자료라는 이름의 홍보자료는 외면하거나 무시하기 어렵다. 대기업은 미디어 쪽에서는 중요한 거래처이다. 구독이나 광고 같은 방식으로 연결되는 이해(利害)관계자이기 때문이다. 이 같은 관계 때문에 보통사람들이 알 필요조차 없는 내용이 뉴스라는 이름으로, 아무런 차별화 없이 포털 사이트를 채운다. 미디어 업체의 이름만 다를 뿐 거의 같은 내용의 뉴스가 매우 많은 이유도 이런 사정이 큰 영향을 미친다. 이는 뉴스, 즉 '신선하게 새로운'이라는 말의 의미와 가치를 떨어뜨리는 부작용으로 이어질 수 있다.

'이 같은 행사가 과연 불특정 다수 사람들이 알아야 하는 뉴스 가치가 있을까?' 하는 최소한의 자기 검증 단계도 없이 뉴스 가치를 기정사실화하고 헤드라인을 만드는 행위는 사이비 편집에 가깝다. 이런 기사 내용은 헤드라인을 고민하면서 만들 가치가 없다는 판단에 따라 폐기해야 적절한 편집 수준이라고 할 수 있을 것이다. 뉴스가 넘치는 세상이지만 매체의 이름을 가리면 똑같은 내용에 거의 같은 헤드라인을 붙인 뉴스가 매우 많다.

로컬(local) 미디어는 좁게 갇힌 미디어

다음 사례를 통해 '로컬(local)' 미디어가 생산하는 좁은 헤드라인 문제를 성찰해 본다.

'로컬 매체' '로컬 미디어'라고 하면 우리나라 안에서 서울에서 제주도까지 전국을 뉴스 보급 대상으로 하지 않고 특정 지역에 한정해서 뉴스를 유통하는 미디어를 가리킨다. 이는 인터넷 시대 이전에 종이 신문을 중심으로 하는 용어라고 할 수 있다. 인쇄한 신문을 화물차에 싣고 곳곳의 보급소에 신문 뭉치를 독자 수에 맞춰 배분하면 배달원이 사무실이나 가정에 배달하던 시절에나 '지역 신문' 또는 '전국 신문' 같은 구분이 가능했다. 지금은 뉴스와 광고를 대부분 포털 사이트나 유튜브, 스마트폰 등으로 소비하기 때문에 특정 지역 또는 전국 같은 지리적, 공간적 구분의 거의 의미 없다.

포털 사이트에 등장하는 매체들의 이름을 보면 인터넷이 아니었다면 평소에 거의 접할 기회가 없을 미디어들도 많다. 뉴스가 유통되는 세계가 더 이상 '폐쇄된' 공간이 아니라는 다행스러운 느낌이 든다. 전국 신문이든 지역 신문이든 특정의 한 가지 신문은 '많은 것 중의 한 가지'일 뿐이다. 이런 점에서 포털 사이트는 문(門)이 활짝 열린 '평등한 운동장'이라고 할 수 있다. 일간지, 주간지, 월간지처럼 발행되는 시간 간격에 따라 오랫동안 구분되어 온 방식도 인터넷 뉴스 바다에서는 의미가 없다. 인터네터에게는 서로 대등한 뉴스이고 미디어일 뿐이다. 텔레비전이나 라디오 방송의 뉴스와 시사문제 토론 내용도 흘러가 버리는 전파가 아니다. 읽을 수 있도록 방송 말이 방송 글로 바뀌어 나온다. '기사'(記事)라고 하면 '신문이나 잡지 따위에서, 어떤 사실을 알리는 글'(표준국어대사전)이라고 하는 풀이도 이제 정확하지 않다. 포털 사이트의 뉴스에서는 글과 말의 구분이나 경계가 없어졌기 때문이다. 이제 기사라는 용어를 버리고 '뉴스 텍스트'(news text) 정도로 표현해야 적절할 것이다.

이 책에서 말하는 '로컬 미디어'(local media)는 지리적이고 공간적인 의미를 넘어 '갇히고' '배타적이고' '폐쇄적인' 매스미디어를 의미한다. 여기에 관련되는 헤드라인 사례를 살펴본다.

- 미국서도 일본서도… 국산 담배 활활

- 한국 담배, 동남아 등 신흥 시장서 활로

- 'K 담배'의 질주… KT&G '6조 클럽' 눈앞

- 80여 국가에 5,384만 달러 수출 … 지구촌, 한국 소주에 취하다

- '소주에 삼겹살' 동남아 홀렸다

- ○○○ 만두 '일본 상륙작전'… K푸드 영토 확장

- K콘텐츠 인기에 김치도 핫… 수출 신기록

- 중국산 로봇 청소기, 주인 몰래 실내 찰칵

- 진격의 K방산… 남미에 육해공 수출 '청신호'

- '두 개의 전쟁' 특수… K방산 영업익 1조 육박

이 같은 뉴스 헤드라인이 눈에 들어올 때 개운하지 않은 느낌과 함께 '로컬 미디어'로서 아쉬움이 든다. '미국, 일본 담배… 국내서 인기' 같은 반대 의미의 헤드라인은 성립하기 어렵다는 점에서 사이비 헤드라인이라고 할 수 있다.

술과 담배에 대한 인식은 뚜렷하게 갈린다. 건강에 해롭다는 부정적인 인식과 함께 불가피한 기호품이라는 인식이 대립한다. 술과 담배가 유통되는 시장(마켓)은 상당히 크다. 그렇지만 술이나 담배가 어떤 방식으로 뉴스로 뚜렷하게 드러나는가 하는 문제는 다른 차원이다.

국산 담배를 피우는 우리나라 대학생이 꾸준히 늘어난다고

해도 담배 제조 회사가 이를 바람직하다는 내용으로 홍보용 보도자료를 기자들에게 보낼 가능성은 매우 낮다. 기자가 이런 사실을 우연히 알게 되었더라도 '국산 담배 즐기는 대학생들 급증… 제조사 주가 실적도 껑충' 같은 헤드라인이 붙는 기사를 쓰기는 어렵고 내키지도 않는다. 술과 담배는 많은 사람이 피우고 마시지만 그렇다고 광고와는 달리 뉴스라는 표현 형식으로 흡연과 음주를 적극적으로 권장하기는 꺼림칙하다.

국수주의(國粹主義) 헤드라인

그런데도 다른 나라에서 우리나라 담배와 술이 인기라면서 'K술 담배 열풍'처럼 표현하는 것은 일종의 차별(差別)이다. 다른 나라 사람들은 우리나라가 수출한 술과 담배로 건강을 해치든 말든 상관없이 돈만 벌면 그만이라는 것인가. 우리나라의 큰 식품 기업이 일본에 대규모 생산 공장을 짓고 일본 업체와 경쟁하는 현상을 '일본 상륙작전'이라고 긍정적인 헤드라인으로 표현하는 것은 적절할까? 만약 일본의 대기업이 우리나라에 대규모 만두 공장을 지어 생산한다면 '일본 ○○○, 국내 시장 공략 본격화' 같은 긍정적인 내용의 기사와 헤드라인이 가능할까? 어떤 미디어가 그런 헤드라인을 붙인 뉴스를 생산하면 친일(親日) 미디어 기업이라는 비난을 받을 수 있다.

우리나라 방위 산업체에서 만든 탱크와 전투기, 대포 같은 무기가 전쟁 중인 우크라이나를 비롯해 남미와 중동, 동남아시아 나라에 수출이 늘어나는 현상을 '진격의 K방산' '전쟁 특수'처럼 헤드라인으로 표현하는 것은 적절한가? '페루산 탱크 우리 국토 누빈다' '필리핀산 전투기 우리 영공 지킨다' 같은 헤드라인은 가능할까? 특히 다른 나라의 전쟁으로 우리나라 무기 수출이 특수(特需)를 누린다는 식의 표현은 아쉽다. 무기를 수입하는 나라의 국민들은 전쟁으로 목숨을 잃든 말든 우리는 무기 수출만 하면 그만이라는 것일까?

이와 같은 헤드라인은 모두 '로컬 미디어'로서 좁고 배타적인 표현이라고 할 수 있다.

우려스런 책 소개 헤드라인

새로 나온 책 내용을 요약하고 헤드라인을 붙여 뉴스로 보여주는 것은 종이 신문을 비롯한 전통적인 미디어의 강점으로 기대되는 측면이다. '책'도 사회적 현상이고 현장이지만 기자가 특정 공간에 가지 않더라도 책의 내용이 그대로 현장이므로 핵심을 요약하는 일이 더 정확할 것이라는 예감이 든다.

『부정성 편향』이라는 제목으로 번역된 책이 있다. 원제는 '*The Power of Bad*'이다. 이 영어 제목에서 받는 첫 인상은 '부정적이고 나쁜 것이라도 어떤 긍정적인 힘이 있다'는 것이었다. 그래서 '부정성 편향'이라는 번역 제목은 좀 부적절하지 않을까 하는 느낌이 들었다.

이 책을 소개하는 뉴스 헤드라인 몇 가지는 다음과 같다.

- 왜 인류는 좋은 것보다 나쁜 것에 끌릴까
- '좋은 것'보다 '나쁜 것'에 더 민감한 우리
- 자꾸 나쁜 쪽으로만 기우는 마음, 어쩌죠?
- 한 번 지각했다면 4번은 일찍 가라
- '썩은 사과' 하나 골라내면 그 집단은 4배 건강해진다

이런 헤드라인을 보면서 스치는 생각은 특별히 새로운 내용이 없어 좀 뻔한 듯한 것이었다. 뉴스도 좋은 내용보다는 부정적이고 나쁜 내용에 사람들이 더 민감한 것처럼 부정적인 내용에 더 신경이 쓰이는 것은 상식적이고 일반적인 생각이라고 할 수 있다.

그래도 혹시나 하는 기대감으로 책을 처음부터 끝까지 읽어보았다. 전체 내용은 '부정성 편향'(negativity bias)을 설명하는 것이 아니라 부정성 편향을 특별한 이점(利點)으로 활용하기

위한 방법을 다뤘다. 부정성은 나쁜 게 아니라 정신을 예리하게 해주고 의지력을 발휘하게 하는 힘이 들어 있다는 것이다. 부정성은 단순히 심리적이고 정서적인 편향의 문제가 아니라 사람들을 더욱 강하게 만드는 힘이 있다는 주장이었다.

부정성은 기분을 좌우하고 선택에 영향을 미치기 때문에 기자나 정치인, 소셜 미디어 등이 이런 힘을 이용하여 뉴스를 생산하고 담론을 형성한다고 지적한다. 저자는 이런 사람들을 '부정성 장사꾼'(merchants of bad)이라고 부른다. 부정성 장사꾼은 미디어를 교묘하게 이용하여 사람들에게 공포를 만들어내는 경우가 많으므로 특별히 주의해야 한다는 점도 강조한다. 그래서 저자는 "위험을 과장하는 뉴스를 보고 절망하기 전에, 기자와 정치인은 거짓된 일반화의 유혹을 떨치지 못한다는 것을 기억해야 한다… 뉴스 헤드라인이 아무리 슬프고 절망적이어도 대부분의 날에는 나쁜 일 하나에 좋은 일이 네 개 이상 생긴다. 그것이 대다수 사람들의 삶이 점점 나아져 온 이유다."고 말한다(p.42).

이 책의 핵심은 부정성이나 위기를 부풀리는 장사꾼에게 속지 말고 긍정성을 강화하여 부정성을 이겨내는 데 있다. 책의 마지막 문장은 다음과 같다.

"우리 모두는 부정성 효과의 영향을 받는다. 그러나 한

명씩 한 명씩, 우리 각자는 이를 넘어설 수 있고 우리 자신
과 사회에 이익이 되도록 만들 수 있다. 그렇게 삶은 나아지
고 문명은 발전한다. 나쁜 것은 더 강력하고, 가끔은 극복
할 수 없는 것처럼 보이지만, 우리는 좋은 것이 승리할 것이
라고 확신한다.*(p.296)

이 같은 전체 내용을 보면 예로 든 헤드라인은 '핵심 요약'이
라는 대원칙에서 벗어난 사이비 헤드라인이다. 서둘러 독자에
게 강요하려는 욕망이 앞선 나머지 책을 전체적으로 잘 살피
지 않고 서둘러 헤드라인을 만든 결과일 것이다. 독자로서 이
런 경험이 반복되면 여러 종류의 뉴스를 접하면서 '이 헤드라
인은 전체 내용을 최대한 정확하게 요약하고 있을까?' 하는 의
심이 생긴다. 헤드라인을 통로로 뉴스 본문을 읽도록 유도한
다는 기교적 역할은 부차적이며 본질은 아니다.

'편집'(編輯, 偏執, 褊執)의 세 가지 수준

'편집'(編輯)이라는 용어는 대체로 뉴스 미디어와 출판업계에
서 쓴다. 그래서 사전은 '일정한 방침 아래 여러 가지 재료를 모
아 신문, 잡지, 책 따위를 만드는 일'이라고 풀이한다(표준국어대사

전). 출판 분야 편집자(에디터)로 20년 일하고 있는 어느 편집자는 "정보와 대상에서 의미와 메시지를 도출하고, 그것을 의도한 매체에 담아 설득력 있게 전달하기 위해 편집하고 구조화하는 일련의 사고방식이 에디토리얼 씽킹이다."(최혜진, 『에디토리얼 씽킹』, p.64)라고 말한다. 편집의 의미를 구체적으로 설명하지만 기본적으로 사전의 풀이를 보완하는 데서 벗어나지 않는다.

편집은 그 같은 영역에 한정될 수 없다. 편집은 삶의 모든 영역에 두루 적용되는 말이다. 정부는 정책을 편집하고 기업은 제품을 편집하고 학교는 교육을 편집하고 예술 단체는 공연을 편집한다. 사람들은 각자 자신의 삶을 편집한다. 김정운은 편집의 의미와 범위를 국어사전의 풀이보다 확장한다. 공간을 어떻게 배치하느냐에 따라 인간의 심리가 달라진다는 점을 '공간 편집'으로 규정하며, 자기 자신의 정체성(아이덴티티)이나 자아의 구성도 기억의 편집 결과로 본다(김정운, 『에디톨로지』, p.201, p.275). 이 같은 방식을 '편집'이라는 용어로 설명하는 것이 적절한지에 대한 기준은 없다. '구성'(構成)이라는 용어로도 의미는 통한다. '공간 편집' '기억 편집' '자아 편집' 등을 편집의 범위를 넓히더라도 편집 개념에 대한 소박한 인식에서 벗어나는 것은 아니다.

편집에서 '編'의 뜻이 중요하다. 『설문해자』는 '차간'(次簡)이라고 풀이한다. 삶을 기록한 죽간을 순서대로 엮어 정리한다는 뜻이다. 글자에 들어 있는 '실'(糸)이 엮는 도구이다. 만약 죽간 (竹簡, 글자를 기록한 대나무 조각)에 담긴 내용이 삶을 파괴하는 것이라면 그것을 편집해서는 안 된다. 죽간 조각을 단순히 엮는다고 해서 저절로 편집이 되는 것은 아니다. '輯'은 '수레를 조화롭게 모은다'(車和輯)으로 풀이한다. 그래서 '집'에는 '안정되고 화목한'의 뜻이 나온다.

편집은 삶을 살리는 엮음일 때 그 정당성을 가질 수 있다. 편집은 '윤리적'(倫理的, ethical) 개념이다.

죽간을 엮기 위해서는 '실'이 반드시 필요하다는 점에서 편집을 의미하는 영어는 '에디트'(edit) 또는 '에디팅'(editing) 보다는 실로 옷감을 짜는 의미인 '니트'(knit) 또는 '위브'(weave)가 좋다.

한글로는 구별할 수 없지만 한자로 보면 편집은 세 가지로 나눌 수 있다.

① 편집(編輯)
② 편집(偏執)
③ 편집(褊執)

'偏執'은 '편견을 고집하면서 자신의 치우친 생각을 고집하는 태도'이다. '褊執'은 '성질이 급하고 좁아 고집이 센 태도'이다. 이

두 가지 편집은 사이비 편집이다.

'악마의 편집'이라는 표현이 있다. 세상 사람들을 속일 의도로 여러 내용을 이리저리 꿰어 맞추어 조작하는 행태이다. 여기서 편집을 '編輯'의 의미로 쓰는데, 이는 윤리적 의미에서 타당하지 않다. 악마의 편집에서 편집은 '偏執'이나 '褊執'이라는 비뚤어지고 거짓된 편집의 의미를 담아야 한다.

『모든 정부는 거짓말을 한다』(*All Governments Lie*)는 제목의 책이 있다. 정치권력은 권력을 유지하기 위해 국민에게 거짓으로 편집된 내용을 주입시키려 한다는 주장을 담고 있다. 긍정적인 내용은 부풀려 부각시키고 부정적인 내용은 축소하고 숨기려는 의도는 정부뿐만 아니라 개인의 차원에서도 나타나는 편집(偏執, 褊執) 행위이다. 정부의 통계 조작은 교묘한 편집(偏執, 褊執)을 거쳐 알려지는 경우가 많아 정치권력이 바뀌고 새 정부가 출범해야 비로소 통계 조작이 드러나는 경우를 종종 목격할 수 있다. 이와 같은 경우는 모두 사이비 편집(偏執, 褊執)이다.

언론, 뉴스, 헤드라인 성찰 기회

'아무리 바빠도 바늘허리 매어 쓰지 못한다.'는 말은 헤드라인과 관련해 음미할 가치가 있다. 핵심 요약과는 동떨어진 헤드라인, 감정이 지나치게 들어간 헤드라인, 인간 중심으로 동물을 무시하는 자의적(恣意的) 비유 헤드라인 등 헤드라인의 정명(正名)에 어긋나는 경우가 많이 보인다. 모두 바늘귀에 실을 꿰어 옷감을 짜는 과정이 아닌 바늘허리에 실을 매어 성급하게 독자에게 던지는 욕망이 작용하기 때문일 것이다. 성급하게 강요하는 부실한 헤드라인은 인터네터에게 통하기 어렵다. '요약'(要約)은 허리가 꺾이지 않도록 실(줄)로 단단히 묶는다는 뜻이다. 허리를 바르게 펴야 눈, 코, 귀, 입의 얼굴도 제 역할을 할 수 있다.

스티븐스 교수는 "뉴스는 잠시 동안 살고 순간적인 박수를 받기 위해 존재한다."(News lives for the moment and its applause.) (*A History of News*, p.48)라고 말한다. 그러나 인터넷과 인터네터가 세상의 중심이 된 지금은 뉴스의 순간적인 생존도 보장할 수 없다. 역설적이지만 지금 시대야말로 언론과 뉴스, 헤드라인에 대한 새로운 이해를 위한 근본적인 성찰이 필요한 상황이라고 할 수 있다.

6장

유언(遺言)은 삶을
주체적으로 요약하는
헤드라인이다

헤드라인의 기본 역할이 '요약'이라면 그것은 매스미디어 뉴스 헤드라인을 넘어 삶을 요약하는 차원으로 나아가야 할 것이다. 미디어 뉴스의 세계도 무한히 넓은 우주로서 삶의 한 조각에 지나지 않기 때문이다.

삶의 요약을 위한 첫 단계는 자의식(自意識)이 싹트는 10대라고 할 수 있다. 마지막 단계는 20대가 될지, 30대가 될지, 40대가 될지, 50대가 될지, 60대가 될지, 70대가 될지, 80대가 될지, 90대가 될지 알 수 없다. 10대부터 죽을 때까지는 그 시간이 길든 짧든 주체적으로 읽고 요약해야 할 '삶의 본문(本文)'이다.

유서(遺書)를 포함하는 유언(遺言)은 삶의 본문을 요약하는 표현이다. 유언을 사전은 '죽음에 이르러 하는 말'로 풀이하고 일상에서도 대체로 그렇게 생각한다.

'죽음에 이르러'라는 표현은 간단한 의미가 아니다. 숨이 끊어지기 직전은 죽음을 앞둔 하나의 상황이다. 죽는 날을 예측할 수 없다면 삶은 순간 순간 죽음을 마주하고 있다고 말할 수 있다. 살아 있음이 어느 순간에 죽음으로 바뀔지 알 수 없다면, 살아 있음에 죽음은 이미 어떤 방식으로 들어 있다가 어느 순간에 죽음은 살아 있음과 자리를 바꾼다.

이 같은 생각을 해보면 유언은 숨지기 직전에 갑작스럽게 남기는 말이나 글이라기보다는 살아 있는 동안에 계속 기록하는 실존적(實存的) 방식이라고 할 수 있다.

유언은 깊고 그윽한 유언(幽言)

죽음을 앞둔 상황과 관련해서 꼭 쓰는 표현이 '임종'(臨終)이다. 일상적 의미는 죽음을 마주하는 순간이다. '임'(臨)은 '맞이하다' '직면하다'는 뜻이다. '종'(終)은 특별한 의미가 들어 있다. '끝나다' '마치다'의 뜻에서 삶을 마친다, 즉 '죽다'의 뜻이 나온다.

그렇지만 사람의 삶은 숨이 끊어져 죽는다고 해서 끝난다고 볼 수 없는 차원이 있다. 남아 있는 사람들의 기억 속에 어떤 식으로든 '살아 있기' 때문이다.

'終'은 '糸'(사)와 '冬'(동)으로 이루어진 글자이다. '糸'는 실(줄)을 나타낸다. '冬'은 춘하추동이라고 할 때 겨울을 의미하는 '동'과 글자 모양이 같지만 의미는 서로 관련이 없다. '冬'의 옛글자 모양은 실(줄)의 양쪽 끝에 매듭을 묶어 실(줄)이 풀리지 않도록 마무리하는 의미를 담고 있다. 이는 일을 단순히 끝내거나 마친다는 의미를 넘어 '일정한 수준에 도달하다' '이루어지다' '완성하다'라는 철학적으로 깊은 의미를 담는다. 일상에서 흔히 쓰는 "유종(有終)의 미(美)를 거둔다."는 표현에서 '종'의 특별한 의미를 음미할 수 있다. '군자유종'(君子有終)이나 '대인유종'(大人有終)이라는 말도 있다.

이렇게 보면 '종'은 죽음을 앞둔 삶의 마지막 단계가 아니라 삶의 전체에 스며들어 삶을 채우면서 완성시켜 나가는 순간 순간의 매듭이라고 할 수 있다. 따라서 삶의 시간이 길든 짧든 삶을 요약하는 최고 수준의 헤드라인은 10대 때부터 주체적이고 윤리적인 태도에서 쓰기 시작하는 차원이 될 것이다.

'遺'는 '남긴다'는 단조로운 의미이므로 유언의 특별한 의미를 담기에는 부족하다. '幽言'(유언)으로서 유언(遺言)은 '깊고 그윽한 말'이므로 삶의 깊은 차원에 연결된다. '流言'(유언)으로서 유언은 '근거 없이 떠도는 말'이므로 매우 주의해야 할 유언이다. '幽言'으로서 유언이 삶을 요약하는 헤드라인의 정명(正名)이라고 할 수 있다.

공자와 안중근, 이종학의 삶을 요약하여 살펴보면서 삶의 주체적 요약으로서 헤드라인의 뜻을 음미해 본다. 삶을 한결같이 뚜렷하게 이끄는 힘이 흐른다.

공자

"**지우학**(志于學) - **입**(立) - **불혹**(不惑)- **지천명**(知天命) - **이 순**(耳順) - **종심소욕 불유구**(從心所欲 不踰矩)"

공자가 숨지기 며칠 전에 했다는 말에 다음과 같은 구절이 있다.

"태산이 무너지고 대들보가 허물어지는구나. 지혜로운 사 람이 시드는구나."

이렇게 말하고 제자들과 이야기를 나누다 일주일 뒤에 숨졌 다고 한다(『예기』「단궁 상편」). 죽음을 앞두고 한숨을 쉬며 신세를 한탄하는 분위기가 느껴진다. 공자의 말로 볼 수 없다.

공자가 자신을 태산과 대들보, 철인(哲人, 지혜로운 사람 또는 철학자)으로 비유하는 것은 자연스럽지 못하다. 특히 태산(泰 山)은 공자 이전 시대부터 신성(神聖)하게 여기는 대표적인 산인 데 자신의 죽음을 태산의 붕괴처럼 여긴다면 삶에 대한 자부 심이 아니라 오만하고 거만한 모습이다. 공자가 죽은 뒤 그를 높이 받드는 사람들이 지어내 『예기』(禮記)에 끼워 넣은 구절일 것이다.

정확한 기준이 있는 것은 아니지만 '자왈'(子曰)은 "선생님께서 말씀하셨다."는 뜻으로 공자가 직접 한 말이 많은 데 비해 '공자왈'(孔子曰)은 "공자께서 말씀하셨다."는 뜻인데 후대에 문헌 편집 과정에서 들어갔을 것으로 추정하는 경우가 많다. '태산이 무너지고…' 구절도 '공자왈'로 되어 있다. 표현의 방식과 분위기도 『논어』에 기록된 '자왈'의 구절과 비교하면 수준이 크게 떨어진다.

유언과 관련해서 공자가 남긴 말 중에서 '압권'(壓卷)은 '불혹' '지천명'으로 사람들에게 친근한 구절이다. 『논어』에도 '공자가 이런 말을 했을까' 하는 의심이 드는 내용도 적지 않지만 이 구절은 공자가 남긴 말이 틀림없다.

공자가 살았던 2,500년 전의 개인적, 사회적, 시대적 상황이 지금과는 매우 다른데도 '40'을 나타내는 '불혹'이, '50'을 나타내는 '지천명'이 지금 사람들의 일상에서 동떨어진 느낌 없이 자연스럽게 쓰이는 모습은 놀라운 일이다.

삶의 향상(向上)

이 구절은 형식과 내용에서 주체적이고 실존적인 '삶의 헤드라인'으로서 최고 수준의 경지를 보여준다. 요약 중의 요약이요, 천하제일 명언(名言)이다. 10대 때부터 70대까지(공자는 73세까지 살았음) 자신이 겪어 온 삶의 단계를 이렇게 압축해서 말하는 것은 독특한 방식이다. '일언이폐지 사무사'와 같은 차원의 헤드라인이다.

10대 - 지우학(志于學)

30대 - 입(立)

40대 - 불혹(不惑)

50대 - 지천명(知天命)

60대 - 이순(耳順)

70대 - 종심소욕 불유구(從心所欲 不踰矩)

이 구절은 다음과 같이 풀이할 수 있다.

"나는 열다섯 살쯤에 배움으로 성장하겠다는 각오를 했다.

서른 살쯤에는 삶의 방향에 대한 자신감이 분명해졌다.

마흔 살쯤에는 생각이 휩쓸리지 않고 줏대 있는 언행을 할 수 있었다.

오십 살쯤에는 내 생각과 태도의 보편적 차원을 알 수 있었다.

예순 살쯤 되니 다른 사람의 말을 부드럽게 받아들일 수 있게 되었다.

일흔 살쯤에는 마음 내키는 대로 무엇을 하더라도 어긋나지 않았다."

삶의 각 단계는 따로따로가 아니라 높은 곳으로 향상(向上)하는 모습이 단계적으로 지속된다. 70대의 '종심소욕 불유구'는 나이가 70세 정도 되니까 저절로 그렇게 된다는 게 아니다. 10대 때의 배움에 대한 주체적 결단이 낳은 성숙한 결과이다. 이것이 하학상달(下學上達)이다. '하'(下)와 '상'(上)은 서로 다른 차원으로 분리되는 이원적(二元的) 세계가 아니라 삶의 과정으로 연결되는 '과정'으로서 같은 바탕이다. 10대부터 70대까지의 삶의 과정에 대한 공자의 고백은 하학상달의 좋은 본보기다.

이 여섯 단계 중에서 15세 무렵의 '배움을 향한 결단'이 첫 단추로서 가장 중요하다. 나이 어린(10대 후반 또는 20대 초반) 무녀(巫女)의 몸에서 서자(庶子)로 태어난 공자는 3세 때 아버지를 잃고 본가에서도 버림받아 산자락에서 어머니와 살았다. 공자 스스로 "나는 청소년기에 비천하게 살았다."(吾少也賤, 『논어』「자한」)고 말하는 것이 그의 불우한 환경을 엿볼 수 있게 한다. 이 같은 환경 때문에 그는 사람들에게 푸대접을 받는 경우가 많았을 것이다. 10대 소년 공자는 비관이나 원망, 좌절보다는 자신을 크게 성장시킬 공부를 향한 강한 의지를 다짐한 것이다. 어머니 안씨(顔氏)는 공자가 17세 때 죽었는데, 늘 곁에서 공자를 격려한 어머니의 영향이 매우 컸을 것이다. 일정한 나이가 되면 학교에 들어가는 제도권 공부가 아니라 자발적(自發的) 결단이다. 배움의 기회를 스스로, 주체적으로 만들 수밖에 없는 형편이었다.

30세는 배움을 자각한 꾸준한 노력에 따른 결과이다. 의존하지 않고서도 삶의 방향을 세울 수 있게 된 자신감이다. 20대가 없는 이유는 배움을 향한 강한 의지와 노력의 과정에 포함되기 때문에 따로 어떤 단계를 설정하기 어렵기 때문일 것이다.

40대는 사회적으로 활동이 왕성한 시기이므로 사람들과 의견 충돌도 많을 수 있다. 이런 상황에 휩쓸리지 않고 줏대를 세워 행동하는 것이 불혹이다. 줏대, 즉 주체성을 분명하게 세우는 시기이고 단계이다.

천명(天命), 즉 '하늘의 명령'이라고 하면 거창하고 어려운 느낌을 주는데 이 또한 평범한 말이다. 주체성도 필요하지만 개인의 주체성은 공동체의 보편성이라는 기반에 설 때 바람직하다는 것이다. 그런 보편성이 천명이다. 50대에는 자기 자신을 넘어 삶의 보편적 차원을 주체적으로 인식했다는 뜻이다.

60대의 이순은 '귀가 순해진다'는 의미다. 60대는 공자가 14년 동안 여러 나라를 유랑하던 시기로 죽을 고생을 하면서 등용(登用)되기를 꿈꾸었지만 실패하여 크게 실망하고 절망이 깊어진 시기였다. 그런데도 그는 자신에 대한 험담이나 비난도

순응(順應)하는 포용의 태도를 이순으로 표현했다. 자공이 평생 실천할 한 마디를 요청했을 때 '서'(恕, 포용)라고 말한 것과 같은 맥락이라고 할 수 있다.

70대의 종심소욕 불유구, 마음 내키는 대로 행동해도 흐트러지지 않았다는 것은 10대부터 시작한 하학상달을 증명하는 말이다. 자유(自由)는 '스스로 말미암다'는 뜻인데 종심소욕 불유구는 그런 자유의 경지이다.

이 구절을 보완하는 유언이라고 할 수 있는 말은 "나를 알아주는 사람이 없구나. 그래도 하늘을 원망하지 않고(不怨天, 불원천) 사람을 탓하지 않았다(不尤人, 불우인). 낮은 데서 배워 높은 차원에 도달하고자 했다(下學而上達, 하학이상달). 이런 나를 하늘(天)은 알아주지 않겠는가."(『논어』 「헌문」)라고 할 수 있다.

그가 말하는 '하늘'은 여러 의미로 쓰이지만 '하학상달한 자신을 알아주는 것은 하늘일 것이다'라는 자기 긍정의 의지를 생각해 볼 때 공자의 삶을 지금도 이렇게 알아주는 세상 사람들이야말로 그런 하늘이라고 할 수 있을 것이다.

안중근

"대한 독립의 소리가 천국에 들려오면 나는 마땅히 춤을

추며 만세를 부를 것이다."

안중근이 이토 히로부미를 하얼빈에서 저격하고 뤼순감옥에서 보낸 5개월은 불가사의한 시간이다. 음식물을 거부하고 저항하거나 '대한 독립'을 외치고 자결(自決)을 선택할 수도 있었을 것이다. 이토 사살이라는 거사는 성공했지만 좁은 감옥에 갇혀 있으면 심신이 움츠러들어 쇠약해진 채 사형 집행일을 번잡한 심정으로 기다리는 모습을 상상해 볼 수도 있다.

안 의사는 조금도 흐트러지지 않았다. 오히려 이토 저격 후 또 다른 차원에서 대한 독립과 동양 평화, 새로운 문명 세계에 대한 의지를 드러내는 '초인'(超人)의 모습을 뚜렷하게 보였다. 그의 짧지만 영원한 삶에서 가장 이해하기 어려운 부분이다.

그는 유학자(儒學者) 집안에서 태어났지만 10대 때 서당에서 공부를 좀 한 것을 빼면 체계적으로 경전(經典) 공부를 한 적이 없다. 그런데도 그의 필력(筆力)은 놀라울 정도로 뛰어나다. 감옥에서 쓴 자서전 『안응칠 역사』(한자 2만 2,000여 자)는 생생한 묘사와 생동감 넘치는 내용 전개로 단숨에 읽게 만든다.

안 의사는 이토를 저격하고 열흘 뒤 요동반도의 남쪽 끝 항구인 뤼순의 일본 감옥에서 '한국인 안응칠 소회'(韓國人 安應七 所懷)라는 짧은 글(한자 260자)을 썼는데, 뤼순 감옥에서 쓴 첫 글이다. 이토를 사살한 심정을 보여주는 내용인데 글의 깊이와 수준이 매우 높아 '이게 정말 하얼빈에서 뤼순까지 손발이 묶여 끌려온 안중근이 쓴 것인가?' 생각이 들 정도이다. 글의 시작은 이렇다.

"하늘이 사람을 내어 세상이 모두 형제가 되었다. 오늘날 세상 사람들은 흔히 문명 시대라고 일컫지만 나는 홀로 그렇지 않은 것을 탄식한다. 문명(文明)이라는 것은 동양과 서양, 잘난 사람 못난 사람, 남녀노소를 물을 것 없이 각각 타고난 성품을 가지고 도덕을 숭상하여 서로 다투는 마음이 없이 제 땅에서 편안히 생업을 즐기면서 같이 태평을 누리는 것이다. 그런데 오늘의 시대는 그러지 못하다."

나이가 꼭 중요한 것은 아니지만 30세 나이에 이런 깊은 내용을 몹시 불편하고 두려울 수도 있는 일본 감옥의 검찰관 앞에서 담담하게 쓴다는 것은 참으로 놀라운 일이다.

안중근은 '하늘이 사람을 낳았다'는 의미인 '天生烝民'(천생증민)으로 글을 시작하는데, 이는 그가 사람을 얼마나 보편적 관점에서 바라보는지를 선명하게 드러낸다. '천생증민'은 『시경』 「대아」에서 올바른 정치를 위한 기준으로 강조하는 말이다. 일본은 동양인의 삶을 파괴하고 이토는 천생증민을 짓밟는 상징 인물이므로 반드시 제거돼야 하는 것은 '천리'(天理), 즉 하늘의

도리라는 의미다.

'문명'에 대한 안중근의 인식도 탁월하다. 문명이라고 하면 국어사전의 풀이처럼 '인류가 이룩한 물질적, 기술적, 사회적 발전. 원시적 생활에서 발전된 삶의 모습' 정도가 통념적 인식인데 비해 그의 문명 이해는 훨씬 심오하다.

안중근이 옥중에서 남긴 붓글씨(유묵)는 현재 확인된 것이 60여 점이고 사형 전까지 200여 점을 쓴 것으로 알려져 있다. 대부분 뤼순 감옥과 관련 있는 일본인을 위해 쓴 것이다.

유묵은 인(仁)의 실천

그들이 안 의사의 글씨를 간직하고 싶었던 이유는 무엇일까? 안중근은 일본 정부의 거물 정치인 이토를 죽인 살인범이고 유명한 서예가도 아닌데 그의 붓글씨에 무슨 소장 가치가 있다고 생각한 것일까? 그들이 안중근에게서 어떤 고결한 신성(神性)을 느꼈기 때문이라는 이유 외는 짐작하기 어렵다. 그렇기 때문에 붓글씨는 받되 사형 후 시신은 없애 버리는 분열적(分裂的) 행태가 나온 것으로 보인다.

붓글씨를 쓰게 된 과정을 상상해 볼 필요가 있다. 글을 써 달라는 요청에 『논어』 같은 책을 뒤지면서 적당한 구절을 썼을 가능성은 거의 없다. 글씨 내용은 모두 그의 몸에 피처럼 흐르고 있던 것들이다.

본질적인 문제는 안중근이 왜 일본인들의 붓글씨 요청을 거부하지 않았는가 하는 점이다. 붓글씨든 펜글씨든 자기가 직접 쓰고 도장을 찍어 건네는 것은 상대방에 대한 공경의 뜻이 분명하게 담긴다. 붓글씨를 많이 써 주면 처벌 형량이 좀 낮아지지 않을까 하는 계산을 안 의사가 했을 리 만무하다. 이에 대한 실마리는 다음과 같은 안중근의 말에서 찾을 수 있을 것이다.

> **"인(仁)으로 악(惡)에 맞서는 이치다."**
>
> (以仁敵惡之法也.) (『안응칠 역사』, p.72)

이 놀랍고 심오한 말은 이토를 저격하고 뤼순 감옥에서 남긴 많은 글, 그리고 천국(天國)에서도 대한 독립을 듣고 싶어 하는 그의 삶이 한결같이 깊은 내면적(內面的) 토대에 서 있음을 보여준다.

흔히 '어질 인'으로 읽는 '仁'에는 '씨앗'이라는 뜻이 있다. 씨앗은 생명력이고 생명력은 둔감하지 않는, 깨어 있고 살아 있는 태도이다. 감각이 둔하고 마비되는 상태는 '불인'(不仁)이다. 군건한 인(仁)의 태도로 일본의 반(反)문명적이고 파괴적인 악(惡)을 결국 '인'의 차원으로 바꾸려는 것이 안중근의 깊은 내면의 동기(動機)였을 것이다. 그가 일본인들의 붓글씨 요청을 거절하지 않은 이유도 '악'을 '인'으로 바꾸려는 의도라고 볼 수 있다.

안 의사는 진해 현감을 역임한 할아버지에 대한 정(情)이 깊었다. 14세 때 할아버지가 세상을 떠나자 소년 안중근은 애통하여 6개월 동안 병을 앓았다고 한다(『안응칠 역사』, p.17). 할아버지의 이름이 '인수'(仁壽)이다. '인수'라는 이름은 『논어』「옹야」에 나오는 '인자수'(仁者壽)에서 따온 것으로 보인다.

안중근은 할아버지와 함께 한 짧은 소년 시절에 '인'(仁)에 대해 많은 이야기를 듣고 가슴 깊이 새겼을 것이다. 안 의사의 불가사의한 초인의 모습을 지탱하는 에너지는 10대 때 겪은 특별한 경험에 닿아 있을 것이다.

이종학 - 독도고증(考證)실천가

"독도 가까운 곳에 묻히고 싶다."

독도(獨島)와 함께 꼭 떠올려야 할 인물이 사운 이종학 선생(2002년 76세로 별세)이다. 우리나라는 독도에 대해 영유권을 다투는 분쟁의 섬이 아닌 고유 영토라는 인식이 확고하다.

그런데 일본 정부와 정부 검정을 통과한 초중고교의 지리,

역사, 사회 교과서는 '한국이 다케시마(竹島, 독도의 일본식 이름)를 불법으로 점거하고 있어 일본 정부가 항의하고 있다'고 주장한다. 일본의 주장대로라면 독도는 분쟁의 섬이 아니고 일본의 고유 영토가 되는 셈이다. 우리나라는 일본의 이 같은 주장은 억지, 왜곡, 궤변이라고 주장한다.

어떤 주장(主張)만 놓고 볼 때, 주장은 아직 근거(根據)가 아니다. 주장을 뒷받침하는 객관적 증거가 있어야 재판에서 이기는 것처럼 제3자가 보더라도 판단 결과를 인정하고 수용할 수 있다. 상대방의 주장을 억지나 왜곡이라고 주장할 뿐 근거를 보여주는 '물증'(物證)이 없거나 부족하면 그 주장은 공허할 뿐이다.

갈등이 '영토'나 '국토'와 관련되는 사안이라면 문제는 상당히 복잡해진다. 역사적 근거가 구체적 증거로서 중요하다. 그래야 상대방이 스스로 억지 주장임을 인정하고 무릎을 꿇는다. "봐라, 당신들이 직접 작성하고 만든 문서나 지도에도 독도는 한국(조선) 영토라고 분명히 밝히고 있지 않느냐."고 할 수 있어야 확실하다. 일본이 도저히 부정할 수 없는 물증을 확보하고 제시할 수 있어야 당사자끼리의 다툼을 넘어 국제 사회의 판단에서도 이길 수 있다.

지금은 독도가 우리나라 고유 영토라는 것을 입증하는 물증 자료가 많이 축적되어 있지만, 1970년대만 하더라도 그에 대한 인식이 상당히 부족했다. 그때 독도를 위한 물증 자료 확보에 혼자 힘으로 뛰어든 사람이 이종학 선생이다. 30년 동안 일본을 50여 회 오가면서 독도는 한국 영토라는 것을 보여주는 문헌, 지도, 신문기사, 관보 등을 고집스럽고 끈질기게 모았다.

그가 평생 확보한 독도 영유권 물증 자료는 1,300여 점이나 된다. 1997년 경북 울릉군 도동항 약수공원에 설립된 국내 첫 영토박물관인 '독도박물관'은 그가 모은 자료 덕분에 가능했다. 선생은 살아 있을 때 "일본이 독도를 자기 영토라고 주장하는데도 나름의 이유가 있기 때문에 일본 스스로 '독도는 한국 땅'이라는 자료 근거를 하나라도 더 확보해야 한다."고 강조하고 실천했다. 독도와 가까운 일본 시마네 현은 100년 전에 독도를 '죽도(다케시마)'라고 부르면서 시마네 현의 오키 섬에 속하는 섬으로 고시(告示)했다. 2006년부터는 매년 2월에 '다케시마의 날' 기념행사를 정부 차원에서 열고 있다.

선생은 2002년 11월 숨지기 전에 "독도 가까운 곳에 묻히고 싶다."는 유언(幽言)을 유언했다. 유골은 경기도 수원시 자택 부근 납골당에 안치됐다가 2003년 6월 독도박물관 옆으로 옮겨 봉안했다. 죽음을 앞두고서도 독도가 또렷하게 눈에 밟혔을 것이다. 송덕비에 이런 내용이 들어 있다.

"여기 국토의 막내 독도의 영유권 수호를 위해 일생을 바

친 이가 있으니 그 숭고한 행적은 민족의 역사와 함께 영원
히 빛날 것이다."

선생은 가정 형편이 어려워 학교는 제대로 다니지 못했다.
생계를 위해 고서점(古書店)을 운영하면서 독도를 비롯한 역사
자료에 특별한 관심을 가지게 된 것으로 보인다.

그는 공식적으로 '서지(書誌)학자'로 불리지만 이는 독도를 발
로 뛰며 지킨, 죽어서도 가슴에 품고 있는 선생의 고귀한 땀과
노력을 선명하게 보여주지 못하는 일반 용어이다. 그런 사정을
아쉬워하면서 이 책에서는 사운 이종학 선생을 '독도 고증 실
천가'로 이름 지으려고 한다. '자료나 사실에 기초하여 밝힌다'
는 고증(考證)의 뜻이 그의 실천적 삶과 조화롭기 때문이다.

참고 문헌

- 『시경』

- 『서경』

- 『주역』

- 『논어』

- 『예기』

- 『맹자』

- 『사기』

- 『설문해자』

- 『논어집주』

- 김용옥, 『논어한글역주』, 통나무, 2008.

- 김정운, 『에디톨로지』, 21세기북스, 2015.

- 김종용, 『히틀러의 수사학』, 커뮤니케이션북스, 2010.

- 김진우, 『언어와 수사』, 한국문화사, 2011.

- 류성룡, 『징비록』, 신태영 외 옮김, 논형, 2016.

- 박성창, 『수사학』, 문학과지성사, 2000.

- 박세당, 『사변록』, 민족문화추진회, 1976.

- 백문식, 『우리말 어원사전』, 박이정, 2014.

- 안성재, 『공자의 수사학』, 어문학사, 2017.

- 안중근, 『안응칠 역사』, 이은상 옮김, 안중근의사기념관, 2017.

- 유민정, 『경전의 수사학』, 성균관대학교출판부, 2024.

- 이규호, 『말의 힘: 언어철학』, 좋은날출판사, 1998.

- 이상철, 『언론발달사』, 일지사, 1994.

- 이태준, 『문장강화』, 창비, 2005.

- 이한섭, 『일본에서 들어온 우리말 어휘 5800』, 박이정, 2022.

- 일연, 『삼국유사』, 김원중 옮김, 민음사, 2011.

- 최혜진, 『에디토리얼 씽킹』, 터틀넥프레스, 2024.

- 귀스타브 르 봉, 『군중심리』, 강주헌 옮김, 현대지성, 2021.

- 데이비드 오길비, 『나는 광고로 세상을 움직였다』, 강두필 옮김, 다산북스, 2008.

- 리쩌허우, 『논어금독』, 임옥균 옮김, 북로드, 2006.

- 미첼 스티븐스, 『비욘드 뉴스』, 김익현 옮김, 커뮤니케이션북스, 2015.

- 아리스토텔레스, 『수사학』, 천병희 옮김, 숲출판사, 2017.

- 앨런 그로스, 『과학의 수사학』, 오철우 옮김, 궁리, 2013.

- 어니스트 헤밍웨이, 『노인과 바다』, 이인규 옮김, 문학동네, 2017.

- 임마누엘 칸트, 『순수이성비판』, 정명오 옮김, 동서문화사, 2019.

- 존 티어니 외, 『부정성 편향』, 정태연 외 옮김, 에코리브르, 2000.

- 클로드 홉킨스, 『과학적 광고』, 김동완 옮김, 거름, 2013.

- 키케로, 『수사학』, 안재원 옮김, 길출판사, 2019.

- 피터 드러커, 『단절의 시대』, 이재규 옮김, 한국경제신문, 2003.

- 피터 드러커, 『프로페셔널의 조건』, 이재규 옮김, 청림출판, 2003.

- 李澤厚, 『論語今讀』, 北京三聯書店, 2008.

- 이승훈, 「수사의 어원과 그 의미의 변천 과정」, 『중국문학 43집』, 한국중국어문학회, 2005.

- 이승훈, 「현대 중국 수사학의 수사 이론」, 『중국문학 39집』, 한국중국어문학회, 2003.

- Claude Hopkins, Scientific Advertising, cosimo classics, 2010.
- Edward Carr, What is History, Penguin Books, 1968.
- George Lakoff, Don't think of an elephant!, Chelsea Green Publishing, 2014.
- Ken Doctor, Newsonomics, St. Martin's Publications, 2010.
- Marshall McLuhan, Understanding Media, The MIT Press, 1994.
- Mitchell Stephens, A History of News, Oxford UP, 2007.
- Mitchell Stephens, Beyond News, Columbia UP, 2014.
- Walter Lippmann, Public Opinion, Wilder Publications, 2010.

웹사이트

- 국립국어원 표준국어대사전
- 고려대학교 고려대한국어대사전
- 한국언론진흥재단 빅카인즈
- 네이버 CLOVA X
- 위키피디아
- 두산백과 두피디아
- 매일경제 매경닷컴